做最好的自己，才能做好妈妈

Sarah Napthali

Buddhism for Parents on the Go

陪伴

是最长情的告白

最好的自己

〔澳大利亚〕萨拉·娜塔莉 著 李 含 译

译林出版社

感谢安娜·斯特里特给予我的鼓励，

感谢珍妮·谢尔登长期以来为学校义务工作。

目　　录

引　言

为什么佛法只适合那些有时间学习的人？忙碌的父母们似乎认为他们要等到更有闲暇的时候才能开始学习佛法，但其实不然。在送孩子出门时，在穿梭于繁忙的交通之中时，在工作时，在和同事们相处时，在辅导孩子家庭作业时，你都可以学习。

在生活的方方面面，善用佛法教诲都会让你获益匪浅，不论你的人生处于哪一个阶段。每日的冥想、十天的闭关、与佛友们聚会的确是理想之选，甚至可能是你的长远目标。但不要因此就把简单的练习延后，培养正念、慈悲、平和与德行，愈早学习，愈早受益。

过去的两千五百年里，佛教的理念在许多国家和文化中传播、实践。“行中道”在生活的实践中被认为是一剂灵丹妙药，能时时处处帮助人们从压力中解脱，从自造的苦难中抽身。

阅读这本书不妨随心撷取，不必拘泥顺序。目录列出了忙碌的父母们可能遭遇的种种压力，你可以在其中找到属于自己的篇章——以佛学永恒的智慧驱除紧张的压力。

适应新环境

我曾经参加过一个电视真人秀节目。是的，我的确参加过。在2008年的时候，我作为灵歌唱诗班的一员，参加了一个叫作《唱诗班对抗赛》的电视节目。要适应异国环境，又要参加电视节目，我觉得压力巨大。好像一天只有十三个小时，忙得不可开交。我们要学唱新歌，学跳新舞步，我觉得这已经超出我能力所及了。唱诗班以音乐老师们为主导，我是这里天资最差的成员之一，我很担心会让他们失望——这可是国家电视台的节目。

我决定观察自己对压力的反应。我的反应大概就好像这样：不，你不能紧张！要冷静！没人生气！要淡定从容！你是这里唯一的佛教徒，至少应该能让自己冷静下来。很明显，我阻碍了情绪的流动：压抑、否认、无视扼住身体的紧张感。这并非正念。我需要与自身的紧张感共存，而不是加以抑制。对抗压力只会让紧张的状况愈演愈烈。培养觉知力，感受自己身体的反应和思考是最有效的应对方法，能最大限度地缓解恐慌，更慈悲地对待自己。接受了自己的反应后，我安定了下来（躲在后排）。后来我们止步于半决赛。

另请参阅《改变》

衰　老

我们难道都在走向虚妄？我们有多渴望成为万人迷？我们还渴望拥有健康，保持所有年轻时的体能状态。衰老，在心理上是多么大的挑战啊——西方人讨厌这个。该如何应对这项挑战？

佛法虽有应对之策，但与西方人的本能思维背道而驰。方法包括在墓地面对着将死或已死之人的衰败之躯冥想，或重复吟诵咒语“生老病死”。我承认，大部分西方人无法忍受这样的修行，但我有一位朋友——佛学导师苏巴娜·巴尔扎吉——十九岁时在尼泊尔完成了为期三十天的死亡冥想。(有一百五十位西方人参加，只有三十位坚持到最后。)

西方人可以多花些时间思索佛法中的无常，即凡事皆在变化之中。在宇宙自然中观察，在茫茫人海中观察，在世间万物中观察。世事皆无常，只有变化才是永恒。拒绝与厌恶都是面对年华老去时的不良心态，只会让人徒增焦躁。意识到死亡的必然性，让我们更认真地面对生活，更珍惜每一天、每一刻的时光。接受无常，这是我们都无法逃脱的自然规律，如若能平静地老去，就是最美好的事了。

恶　化

可笑的是，有时候一些鸡毛蒜皮的琐事却让我们无比烦恼。其中一个原因就是我们加入了己见，而不只是关注事件本身。我们在添油加醋。许多佛教徒培养了一个习惯：在自己感到紧张时，扪心自问，我都往里面加了些什么？比如，我家后院有棵树，院子里常落叶一地，我只好充当园丁，时常清扫落叶。禅师们鼓励我在扫落叶时，只是扫落叶。然而，我的脑袋里却附加上了这些信息：这简直是浪费时间，重复无聊的工作，真希望居委会能让我弄走这棵树，我为什么不让孩子们来干这个活儿？有了这些附加信息（还有更多），我失去了自觉，无法留心享受当下的体验：一耙一耙地聚拢地面的落叶，嘎吱嘎吱的声音，自然的芬芳之气，落叶的颜色，充满活力的身体……扫落叶，禅师称之为“工作的修行”——不要将这样的差事与冥想或其他灵修的活动分割开来。只是扫落叶，也是一个机会，体验当下的正念。同样，只是打扫、只是除尘、只是做饭、只是晾衣服，都是如此。那么，我们是否也可以只是陪伴着孩子们，只是注视着他们，只是静静地聆听。

另请参阅《恼怒》

动 怒

凯伦·美岑·米勒是一位母亲，也是一位禅师，她在《妈妈禅》一书中写道："我经常会抓狂，我们都会这样。失去冷静并不是重点，重点是我们能否迅速平复心情。"读到这里，我如释重负。佛法修行并不能让我时时保持淡定。我也知道后悔也无济于事，有时对儿子大吼大叫之后，我还是忍不住懊恼一番。但是凯伦说得对，我们都只是凡夫俗子，会因为子女而抓狂，有时候导火索可能是婚姻，也可能是其他任何事。

所以，该如何保持冷静不再是问题所在，在愤怒中沉溺多久才是关键！面对愤怒，该如何是好？要记得，佛说：有智慧的人都会战胜愤怒这一敌人。战胜的方式并不是压制愤怒，否定愤怒，或是发泄愤怒，而是将怒气视为过客（本就是），视为老师。保持一颗自觉的心，发现自己的执着：是信仰，是愿景，是欲望，是厌恶，抑或是预设之见？这是事实吗？你能放手吗？能够稍减几分执着的心吗？

另请参阅《急躁》《激怒》

焦　虑

有趣的是，随着年龄增长，我的焦虑感也日渐增多。年轻时，我对所有事情都自信满满：搭飞机，走夜路，公开演说，针对新客户制订新计划，而如今则不复当年。改变因何而生呢？我想是在年轻的时候，我拒绝面对必死的命运，然而到了不惑之年，我最终接受了死亡的真相，明白了疾病、衰老都会发生。如今，我也已为人母，责任重大，要带给孩子们幸福快乐，这都让我深感焦虑。二十几岁时，我很容易就把焦点从世事的压力和痛苦上转移，但如今我更懂事明理，却做不到这点了。

在我的佛学修行中，很重要的一件事就是承认这个会偶尔冒出来的焦虑感，它只是一种暂时的状态。没必要与之对抗，那反而会让自己瞬间失去冷静。我可以允许焦虑感在它的轨道上行进，与它共处，观察它，从中学习。这种觉知让体验变得温柔。毕竟，我们需要具备容忍力，接受各样的精神状态，才能更深地了解自己，以更慈悲的心包容自己，也包容他人。

另请参阅《担忧》《失眠》《忧虑》

寻求认可

不可否认，获得赞扬、认可和欣赏会给人带来满足感。于是，许多人变成了寻求认可的乞丐，不断地需要他人来确认自身状况良好。我们浪费了很多时间来揣测别人的看法，“他们是不是喜欢我？”“他们为什么不喜欢我？”讽刺的是，执着于寻求认同感的人往往并不受人欢迎，因为大多数人还是不由自主地被自信的光芒所吸引，而不会青睐困苦不安的人。让他人（或是我们自己投射出的他人意识）勾勒我们的自画像，真是生命不能承受之重，这让我们变得脆弱。我们也需要为孩子树立自信的榜样，而不是做一个妄自菲薄的父母。

由内而外散发的自信能帮助我们建立良好的人际关系，过于依赖外界的认可评价反而会弄巧成拙。冥想让我们拥有平静的内心和自我的认同；将内心喋喋不休的独白写成日记，我们还能成为自己最好的朋友；时不时给自己安排一段宁静的独处时间，就好像预定了一次愉快的心灵假期。

另请参阅《被拒绝》

与孩子们的争执

我们中间很多人都有着爱挑衅的孩子。他们是辩论家、谈判狂人、造反者，这真是让父母们费尽心力。与倔强的孩子无止境地争吵，就会轻易让亲子关系分崩离析。有一次，我参加了一位儿童心理学家的讲座，参加者都是孩子们的家长，他谈到了聪明的孩子在争辩中感受到无比的快乐，这并不是浪费精力，这恰恰是他们成长的方式。你全身心地关注他们，做他们的最佳玩伴——打开兴趣的魔匣。

有时候，你不得不苦思冥想再加上无限创意，才能处理好孩子们的纠缠不休和针锋相对。让孩子们认识到你能由始至终地给予帮助，对他们来说非常重要。固定遵行一个日常例会比仅仅随兴所至更有效率。孩子们会把每一个回合都当作一次谈判。确保给予孩子们足够的关注，积极的关注是他们安全感的保障，他们也不必再用错误的行为去引起他人的注意——我也承认，有些孩子对父母关注的需求就像无底洞。这是一个渐进的过程，其中偶有光芒闪现。那正是孩子们释放的光芒，他们的语言天赋，他们批判性的思考技巧，他们的自信与魄力——他们可绝不会是个受气包。

另请参阅《恼怒》

糟糕的心情

这一天的工作都徒劳无获——电脑死机，打电话给谁都说没空，项目全无进展，回家遇上大堵车。但你现在回到了家，一切都过去了，明天又是全新的一天。那你为什么还感到暴躁？为什么要对孩子们嚷嚷，抱怨每一件不顺心的事情？这是因为思想走在了身体的前面。经历了一天的紧张，你的身体尚未从压力中恢复，依旧在呆滞或急躁的状态中，飞驰的思绪则可以轻易滋生出许多事由。这并不是我们愿意看见的。我们更愿意相信自己的怨言是认真的，这就会放大一些小问题。

这种情况其实可以帮助我们培养对自己身体的正念，体会当下身体的感受：疲倦、沉重、疼痛、饥饿或者紧张。不要抵抗，不要压抑，试着不加判断地接纳自己的感觉。对自己的身体有了充分的觉知，我们就不会陷入头脑臆想的不满与抱怨之中。我最大的儿子扎克都已经学会了这样的方法。有时候他为了些小事儿抱怨、发牢骚，就会自己补充一句："不好意思，我就是今天太累了。"这是很多成年人都做不到的。

另请参阅《紧张的身体》《抱怨》
《喜怒无常》《消极性》

遇　劫

对于那些学佛的新人们而言，这一篇章的确有些夸张。忙碌的父母可能会发现，发生财务损失是最考验愤怒管理这一项课程的。你会不会在被盗时，不生气，也不报复，而是为盗贼感到难过呢?

这种反应可是为了自己好：生气和报复的念头无法将失物寻回，只会让自己心烦不安。我们可以选择另一种方式，在精神上将这个物品赠予小偷。我知道这听起来像是疯话，但这的确能够帮助你放开痛苦的根源：占有之心。以布施取代执着与爱欲。这种给予的心理姿态可能需要一段时间来培养，仔细留意培养的过程给你带来的冲击。想一想偷盗行为的业障因果，或许会对你有帮助。小偷会尝到他苦难的果，这就值得你唤起慈悲心，很可能偷盗就是他过往的行为酿下的苦果。许多小偷可能是沉溺于毒品或有赌博的恶习，也曾真心悔改，并尝试过多次，却最终无力自控而放弃。说不定在某一天，我们也会非常希望自己的孩子能够得到宽恕。

另请参阅《占有欲》

背　叛

信赖的同事背后捅了你一刀，一位好友与你断了联络，你的伴侣举止轻佻、与人调情——甚至更糟，你家青春期的孩子嘲笑你的基本价值观。被所爱或重视的人背叛是人生最难承受的痛苦。出于本能，我们会愤怒、难过，但最终我们会明白，这些情绪只是在惩罚自己，始作俑者不会在乎。

减轻痛苦——并重建自己活在当下、挥别过去的能力——的最好方法，就是试着宽恕。这恐怕需要一些时间，需要一些努力，需要深刻地理解他人。这需要我们能够承担部分责任，不要忘记自己也曾犯错，也曾渴望别人的原谅。这并不是说，我们就要成为标靶，任人鱼肉，我们还是需要具备捍卫自己价值和边界的技巧和方法。宽恕只是以一种慈悲的方式，帮你从负面情绪中解脱，走出过往的阴影。

另请参阅《让人失望的朋友》

盲　目

我们往往会接受简单的第一印象，而忽视了情况的复杂性，这是生活对我们心智的考验。同样，我们给熟识的人贴上各式标签，爱说笑、爱抱怨、戏剧女皇、冒险家，等等，而忽略了他们丰富多样的特质。我们也会给自己的孩子贴上标签：难缠的、顽固的、人来疯、要求多、急躁的、小天才。这些观念日积月累，逐步具体化，然后我们就停止了观察。然而，我们具体化的偏见会成为孩子们的牢笼，阻碍他们逐步认识自己。

在与子女的互动中，我们必须时常按下暂停键，想一想，这是谁？以全新的、好奇的双眼发现他们的变化、成长和行为的差异。如果时间允许，我们可以全神贯注地聆听孩子们说话，不要打断。不要以我们自己的臆想束缚子女，明智的选择就是开始探索他们的本质——看到他们的“佛性”或者说是“内在的灵秀”。最重要的是，我们的孩子还是尚未解开的谜题，我们还从未彻底地了解他们。其实对伴侣，何尝不是如此。哥伦比亚的作家加夫列尔·加西亚·马尔克斯曾说过，与夫人相依五十年，他觉得对夫人的了解是一年不如一年。

紧张的身体

越来越多的日子是在忙碌工作中度过，我们需要暂停片刻，检视自己的身体，聆听身体的感受。你很可能会发现一个紧张的身体，专注于此，就能有意识地去放松身体。在一定程度上，全天候地关注身体是非常好的习惯，因为身体和头脑不同，它总是处于当下的状态。感觉紧张压抑、思绪纷乱时，抽出一时半刻，关注身体的感受，是非常高效的充电方式。如果没有养成给自己放松的良好习惯，让压力和紧张一再积累，长此以往，对健康必会有可怕的影响。

给自己一个契机，一点关照自己身体的时间。比如，在等候红灯时、在等电脑开机时、在厨房切菜时，这都是我的契机。最理想的当然是冥想时间，我们或许可以借此来一次彻底的“身体扫描”，从头到脚关注每一个部位。晚上，儿子们躺在床上，我会进行一个语音引导冥想，语音引导的内容就是扫视全身，他们视之为一种特别的疗愈。这不仅是为了帮助他们入睡，也是为了教他们学会一种放松的技巧，让他们获益终身。

另请参阅《糟糕的心情》

厌　倦

总会有那么几天，父母们瞭望着星空，说：“一定有外星生命！”日复一日的生活让人厌倦，我们觉得无聊、不满。对此，应对方法之一就是从外部世界寻求更多的刺激。但问题是，外部的一切皆难以维持长久的满足。一个更为可行的方式便是转而向内探索，将厌倦之情视作缺乏对日常生活的觉知意识，削弱了敏锐的欣赏能力，失去了好奇之心。

我们喜欢环游世界，因为这能重新唤起我们对当下的觉知意识，以质疑之心探索这个有趣的新世界。其实我们并不需要四处旅行也能唤醒自己对生活的觉知。每一道街景，一草一木——即使是最平庸的——都富于神秘感，吸引着我们惊艳好奇的目光。每一天都要敢于挑战自己的觉知力。我很愿意假装成另一个人，假装与莎拉初识，感受惊喜。

另请参阅《无意识》

精疲力竭

精疲力竭就是指我们感到缺乏能量，无力继续。长期承受过大压力，不论是身体上还是心理上，都会生病。我们都忽略了这一点，其实我们需要放松，需要回归内心，需要重新认识自己。我们执着于“有所产出”的事务，把看似“无果”的重要活动抛诸脑后，比如：在大自然中逍遥一番，偷得半日闲情，与孩子嬉笑玩闹，不紧不慢地享受一顿美味佳肴。冥想同样也是能够帮助我们重新与自己沟通，发掘内心智慧的活动。

在疯狂的忙碌之后，十分有必要花些时间来反思。这些经历让我们学到了什么？我们该如何应对？我们是否已经得偿所愿，得偿所愿是否能换来满心欢喜？我们该如何改变？假以时日，留出空间，这些问题的答案自然呼之欲出。我们还可以思考一下这个非常具有佛学味道的问题：如果生命只剩下六个月，你会如何度过？这并不是在预期死亡，死亡当然是生命中避无可避之事（还有缴税和做功课），但我们在这里只是让自己能够想清楚何为要务。

另请参阅《疲倦》

忙　碌

有时候，我们可能承担太多，要求太高。留出一段冥想的时光变成了不可能完成的任务。这是否意味着我们的灵修需要扔进待办事宜清单，直到我们有了空闲？当然不需要。事实上，恰恰是在忙碌之中，我们才最需要培养正念与慈悲之心，这些修行也最能够给予我们助力。避免忽略当下才是我们需要面对的挑战。正念一词，译自巴利文“sati”(娑提)，意为对当下的觉知。繁忙的一天过后，我们该如何做到这一点呢？

首先，我们要养成习惯，享受暂停的一刻。暂停无须花费多少时间，它只是给我们一刻，回归自身，感受呼吸的节律，甚至只是静观思绪翻飞，不去评价。一天之中，我们可以找到不止一个停顿点来修炼当下的觉知：等红灯，提早到了目的地，排队，乘坐电梯。我称之为“抓住一刻”——利用一个喘息空间释放压力，感受当下。最终，我们可以建立导师们所说的“正念群岛”，在这里我们可以将觉知延伸至每一个时刻：刷牙时，洗碗时，晾衣服时，或是走去食堂的途中……

另请参阅《多重任务》

食　肉

有一些读者可能会奇怪，我写了三本有关佛学的书籍，却都没有写到字母“V”。我承认，我的确没有写。

尽管世界大部分流派的佛教徒都是吃肉的，但是许多人还是自然地认为佛教徒是素食主义者。毕竟佛教五戒之一就是不杀生。我自己尝试食素其实是以失败告终的。这并不是因为不了解工厂化农业经营的相关调查和动物们遭受的痛苦。我与素食主义者详谈过，还访问过关照动物福利的网站，也完整拜读了彼得·辛格的大作《动物解放》。

我的素食行动失败，究其原因是我的家庭生活：肉食主义的老公，几乎不吃蔬菜的儿子——很难做出适合每一个人的全家餐。再加我一个素食者会破坏我的家庭关系，还有我的精神状态。但是，在近两年我已经不吃猪肉制品了，我还买了五只鸡，吃自家的鸡蛋，在餐厅我也选择素食。其余的时间，我在吃饭时会有意识地感恩，感谢动物们的受苦与牺牲。我敬重身边食素的朋友，敬重他们愿做无名英雄的高尚品德，敬重他们勇于面对真相，付诸实践。我承诺，有朝一日我也会加入素食者的行列。

改　变

佛曰，世间瞬息万变，唯有改变才是我们赖以生存的方式。世人总是因为改变而感到极度不安，不遗余力维系安全感。对不安的恐惧，让我们作茧自缚，这茧正是对自己需求的执念。的确，我们需要一些金钱，但是我们真的需要积累财富以获取安全感吗？我们也需要朋友，但是必须赢得所有人的赞赏吗？我们需要自信心，但是有必要花上许多气力追求正面反馈、博得认可、功成名就吗？说到底，我们眼中的欲望，远远超过了自己实际所需。因此，改变就成了最让人不安的事情，我们诸多的欲望也更加不确定了。

佛教徒们试图培养一颗淡定的心，经世事变化却静若莲花的心。通常，我们称之为不执。病来如山，不免打破宁静的心绪；喜事临门，总是难掩欣喜激动之情。冥想是一种很理想的方式，帮助我们演习淡定，自觉思绪与信念来来去去。放手吧，不再执着，这些正是痛苦之源。比如，我们觉得好痒，真是受不了，怎么还那么痒呢，真倒霉？但我们应有这样的意识：痒只不过是一种感觉，只是暂时的，与我无关。

另请参阅《适应新环境》

孩子们的家务活

可能每个家庭都遇到过这样的问题：小朋友们不愿干活，哪怕是很简单的家务活。这的确让父母困扰。我问八岁的儿子，愿不愿意分担最容易的家务，他的反应是：气愤不平，很受伤。他当然是个很聪明的孩子，但是不明白为何要分担家务。每次打扫卫生，我们都试图动之以情，晓之以理，拿出金钱诱惑，与他达成约定，想让他做一些家务活，但总是以失败告终。让步或许比较简单，自己做还更容易，但我不要这样。佛教中四圣谛之一的“苦谛”讲述了人生八苦——描述了人间的煎熬、紧张与不满。孩子的成长必须面对人生的世俗面。我们不能误导他们，以为人生只有舒适与享乐。

现在，我要拿起我的喇叭和口哨了！

分隔修行

有一次，我听到一位颇有名望的佛教导师无意中说道：“一个伟大的沉思者，也可能同时是讨人厌的家伙。”我想，他所说的正是一种严重的性格缺陷。有些人只把佛教的修行当作是生活的一部分，佛学的智慧并未能影响到他们日常的生活。的确，在冥想、参加佛事、阅读佛学书籍时，我们自然就会专注于教诲学说。但是如果修行止步于此，我们就只是在自欺。

我们都有自己的避风港，我们并不渴望接受考验。比如，我们视某些人为“特殊案例”，因为他们特别难缠，不值得我们体谅。遇到发脾气的幼童、糟糕的司机、争吵的儿女，我们都笨拙地反应而不愿深入思考，认为就算圣人遭此恼人境遇也会大发雷霆。我们在自己的性格中植入了盲点。所以，我们应该有意识地去发现自己的执着，并学会放手，这样才能体验到自由。试着让佛陀的智慧渗透到生活的更多领域中，将生活中的困难视作一次修行的考验。比如，我们可以每天进行一次“平静驾驶的修行”“与儿女争执的修行”“匆忙准备的修行”……

另请参阅《看不见的礼物》

抱　怨

有时候，一则最简单的小故事却可以是改变人生的箴言。广受欢迎的英国僧侣阿姜布拉姆，居住在澳大利亚西部，他既是一位佛学导师，又是一位独角戏喜剧演员。他很喜欢讲这样一个故事。

“有两个养鸡的农夫。农夫甲来到鸡舍，装满了一篮子鸡屎。他回到家中，家人纷纷抱怨道：‘你怎么把这臭烘烘的东西拿到屋子里来了，这应该放在外面沤成肥料啊。’农夫乙来到鸡舍，装满一篮子鸡蛋。他回到家中，家人很开心地说：‘太好了，我们可以做煎蛋卷卖钱了。’”

你把什么带回家了？或者用阿姜·布拉姆的话说：你是个鸡屎收集者吗？

他认为，我们不仅在应对日常生活时可能变成一个鸡屎收集者，在面对伴侣时，同样也会念念不忘过去的伤害和失望。快扔掉那些臭烘烘的陈年旧怨，把新鲜的鸡蛋捡回家，享受煎蛋卷一般美味的幸福生活吧！

另请参阅《糟糕的心情》《消极性》

冲　突

冲突无处不在，职场、学校和家庭发生的冲突，让人倍感压力。这种情况下的口不择言往往会酿下苦果。这是一种因果报应：有其行——包括言辞——必有其果。冲突发生时，出言请务必三思，记得佛教八正道有曰：施行正语，脱离苦海。正语包括四个方面：不妄语、不两舌、不绮语、不恶口。

让正语成为我们生活的重要元素。许多西方佛教徒都在实践着非暴力的交流方式，美国心理学家马歇尔·罗森堡就是其中的先驱者。他看重同理心而不是权力。不要再互相指责，发号施令了（例如：你这个大懒汉，赶紧把屋子收拾干净！），我们要关注到需要和感受（例如：看到你的卧室我就紧张，我需要整洁啊！）。

你我皆凡人，而家庭生活难免磕磕碰碰，所以要谨记道歉是美德，请时常展现美德。这才是承担责任，消除误会的终极武器。我家四位家庭成员都非常精通道歉的艺术，这让我深感欣慰。

另请参阅《对抗》

盲 从

很多人都有思想局限，以自己在职场上的价值来评断自身的价值，以薪水和社会地位反映自己有多优秀，而且想当然地把这种思想传给孩子们，指引他们追求丰厚的收入和尊贵的社会地位，而忽略了他们自身的喜好和能力——更无视他们所处的年龄和阶段。追求社会认可的需要左右着我们的选择——学习、兴趣，还有业余生活——很可能会使我们也因此忽略了孩子们真正的需要，他们需要做自己，或者说需要在禅的世界里，认识他们真实的天性。

仅以事业论英雄，无疑极度限制了我们的自我认识。我们所从事的工作、所扮演的角色只不过是我们的一部分，我们要比这些更加丰富。不管我们如何看待自己，佛陀都告诉我们，这不过是一场唯心而生的梦幻泡影，并不是真实的自我。至少，我们可以停止错误的做法，不要再以薪酬的水平和职场的地位来衡量自身的价值。只有这样，我们才能停止将这种狭隘的观念传递给孩子们。

对　抗

有一些人不惜一切代价逃避对抗，有一些人视对抗为解决麻烦的无上宝典。但我们都知道，在头脑发热时，对抗无疑是一项危险的游戏。佛家认为，言辞如利斧——精准而有力，具有强大的杀伤力。写信不失为避免交锋的一招妙棋。我的经验是，第一遍草稿会满纸怒气，这是一种有益的宣泄，但是重读改写时，我就能够恪守佛教的正语守则。我亲爱的丈夫在这些年里已经收到过好几封这样的信件了，这些信件帮助我们展开富于建设性的讨论，这让我感触颇深。写信，让我能够不受打扰地反思整件事情，也不会离题。它给了我时间斟酌言辞，能够富于感知力且清楚明了地表达出我的所思所想。马雷克也可以停下来，站在我的角度考虑一下，回头看看他之前的反应，之后再和我沟通。有一些家长也推荐以书信方式——或是电子邮件、短信——与神神秘秘的青春期子女保持良好的沟通，因为他们可能不太愿意“面对面”与父母交流。比如，父母可以说：“等你想谈谈的时候，可以随时来找我。”

另请参阅《冲突》

困　惑

我该做些什么？我无法梳理自己的思绪！感到困惑无法做出决定时，我会条件反射地拿出日记簿，列出“赞同和否决”双方的理由，看哪一列比较长。有时候，这一招也不奏效，我就会写一份书面质询。要让情绪和思维上升到意识层面，我们先要“清空大脑”，把抱怨、气愤、恐惧和伤心都写下来，尽情宣泄一番。看到自己的思绪用白纸黑字、以文字的方式表达出来，我们可以识别出其中的自我危害和不切实际的臆断：我要人见人爱，我绝不会失败，我的孩子决不能吃苦。觉察到自己的预设立场，尤其是那些无益于自己的部分，正是自我成长的关键。我大学主修专业中有一个评估环节，是要求我们写出自己的学习日志。导师仅按照我们识别并怀疑自己臆断的能力来给出评分。

通常，我在对自己的质询中会问到这样一些问题：我为何会做出这样的反应？我为何会执着不放手？我忽略了什么？我干吗跟自己过不去？写下自己的思考和情绪是向内探索的一种方式，这就好像是一种疗愈，让我们更好地与自己相处。

控制狂

绝大部分人都认为，控制狂真是生活和工作中的黑名单榜首人物。而且还有一条颠扑不破的金科玉律就是，控制狂最终都会失败。即使他们已经开始归置有序、趋于完美，也会因为紧张过度而功亏一篑。

公元八世纪时，印度的寂天菩萨告诫人们："放下所有的荆棘与石头吧，为何要用皮革铺满整个世界呢，其实你只需要穿上一双鞋。"换句话说，如果只需要改变一卜自己的想法，何必要去改变全世界呢？当然，这两件皆非易事，但努力改变自己的想法绝对要比控制我们生活的所有细节容易见效。

还在想"这个世界到底出了什么问题"吗？不妨转向考虑一下"我的反应有什么问题"。遇事的反应可以有千万种，我们为何选择生气呢？你有没有发现其实我们经常能够自由选择回应方式？

另请参阅《不便之处》

抑　郁

我身边曾有过好几个深受抑郁之苦的人，还有好多朋友的至亲也在与抑郁抗争。他们当中有许多人成就卓越，有巨大的社会贡献。目前，常见的抑郁症治疗方法除了使用药物就是认知行为治疗，我听到不止一位心理医师声称，认知行为疗法很像佛学的理论。毕竟，这项疗法的目的是通过驳斥抑郁消极的思想，促使我们理清思绪，面对现实，这种认知方法和佛学类似。让我们低落消沉的并不是境遇，而是我们面对这种境遇的思考方式。比如，我们可能会想，安妮塔很少和我寒暄、打招呼，她显然并不喜欢我。留意自己的思绪，我们就会注意到这个想法，而不是想当然地接受这一想法。接下来，我们可以更实事求是地想一想：安妮塔或许只是在不熟识的人面前显得比较害羞；安妮塔或许有更紧要的事情要和别人说。更进一步地想，我们难道需要得到每一个人的喜爱，才是有价值的人吗？经常定期做这项功课，建立学习日志，会带来强大的疗愈能量。许多心理专家还建议说，在对抗抑郁症的过程中，每日的冥想会非常有助于保持心理的平静。

节　食

我们都知道节食是没用的，正确的方式是养成健康的饮食习惯。佛教行中道通常建议人们“饮食适度”。有趣的是，一些经历过健康危机的人往往会改变他们的饮食模式。医生的治疗促使许多人回头自省。我们都无法逃避生老病死，预防疾病意义重大。我最近读到一种说法，四十到五十岁的十年是身体机能下降最快的时期。一些小毛病——加上频繁感冒——足够让我放弃所有垃圾食品和甜食。只是禁住口腹之欲，几周后，我的身体就恢复到了一个平衡的状态，也不像从前那般嗜甜如命。当然，吃也是一种心理活动，尤其是那种在酒足饭饱后依然禁不住嘴的情况。这时候，我们需要诚实面对自己的情绪：我的心情怎么了，贪吃真的能够帮助我对抗这种情绪吗？

另请参阅《忽视身体》

难缠的人

最近，我觉得有必要出席一位女士的庆功会。其实我觉得这位女士私下挺难相处的，她把人分成两个阵营：她的超级粉丝以及对她敬而远之的人。听过超级粉丝们的叙述，我在想，为何我会忽略了这些优秀的品质呢？的确，人无完人，但她也已经改进了一些问题，而我则选择无视，只看到了她的不足之处。

我并不打算因为内疚而捶胸顿足，我选择原谅自己的错误，然后对她敞开怀抱。下一次见到她，我会放下过去的偏见，认识当下的她。我们无法改变那些激怒我们的人，但我们可以改变自己的想法。我们要承认，自己对别人的看法是扭曲失实的。我们要承认，人都是丰富立体的，不只是与我们相处的那一面。我们要承认，大疑之心是种总能让人受益的智慧——人人都是一团未解的神秘。

另请参阅《僵化》

让人失望的朋友

为人父母之后，与朋友的关系会面临前所未有的挑战。一段友谊的维系，需要孩子们都能够相处融洽。我们也期待结识具有相似的价值观和育儿风格的朋友。有时候，一个家庭中的成员会与另一个家庭的成员交往过密——或是太少，所以我们需要找到一种平衡——尤其是和邻居的关系。为人父母后变得很忙碌是常见之事，朋友们会想念对方的陪伴，甚至不免担心是不是自己做错了什么事情，影响了友情？人生是在不断变迁的，我们不可能长期保持完全相同的友谊模式。

心境平和、不生执着，才是避免因友情而生出痛苦的关键。不生执着，就是放开那些以自己的期待预设世界的强烈欲念。也就是说，我们要扪心自问：对他人的行为有所期待，这份心念难道还要执着下去？我是不是期待朋友们能带给我快乐？我是不是期待朋友和自己观念一致，处理事务也有相同的优先顺序？我是不是希望时时获得每个人的喜爱？通常我们感到被朋友伤害，往往都是因为自己的心念生出了痛苦。

失去一位密友我们的确会感到难过。但我们或许可以趁此机会重新梳理自己的“友谊”。

另请参阅《背叛》《被拒绝》

不便之处

养儿育女自然会让我们的生活不如理想中那般安逸——不免脏乱、麻烦、吵吵闹闹，陷入料想不到的失控状态。在某些阶段，我们甚至难享片刻安宁。这是否意味着我们就真的难有一刻闲暇与宁静吗？培养包容之心是我们保持心理健康的唯一希望。我们需要放下执着，不再惦记安稳、控制和井井有条，接受我们的状况、境遇时时处于变化中。即使在我们尽力改善状况时，接受当下同样非常重要。所以，我们要警惕自己的心变得琐碎、狭隘，要记得保持心胸宽广。一滴毒药落进一杯水中远比落进一汪湖水中要危险得多。同样地，琐碎的烦恼对于宽广的心胸也只是过境之雁。活在当下，练习冥想，保持一颗柔软的心，我们也自然拥有了广阔的胸怀。禅宗有云：无不是药者。与其对抗或逃避不适，不如认识到它潜在的意义，这种境遇恰好锻炼了我们的忍耐力，也教会了我们许多事情。毕竟，仓促的判断往往不切实际，引人误入歧途。

另请参阅《控制狂》

分　离

最灰暗的时光里，与他人别离的感觉会让我们倍感孤立、疏远。我们渴望被爱，渴望被接纳，渴望获得赞赏，却忽略了自己的力量，我们也可以给予自己爱、接纳与赞赏，而非只把孤单留给自己。

为人父母正是学习如何爱别人的绝佳机会。佛陀曾说过："正如母亲不惜生命保护独子，她应该对一切众生修习无量的慈爱心，应该对世间一切散发无量的慈爱心。"通过对子女的纯净无私、源源不绝的爱，我们更加理解爱的本质，并能够将这份纯粹的爱传递给他人。佛道会以慈爱冥想培养大爱之心，在冥想中我们祝愿他人幸福安康，免于苦难。我们以爱的慈悲环抱自己和自己所爱之人，哪怕只是匆匆陌路也投以爱的温暖，甚至对那些带给我们苦难之人也回报以慈悲。最后，我们将自己最美好的祝福赠予更多的人，祝福世间每一个生命。

以爱点亮心灵，我们因为接近自然状态、接近本性、接近佛性而更有自信。关注爱，我们就会收敛自我意识，更多地去关心身边的每一个人。

另请参阅《待人冷漠》《个人主义》
《孤岛》《孤独》《缺爱》

无　礼

我曾经在悉尼生活过一段时间，我住的那个区域有很多来自佛教国家的移民。我发现，有许多人完成学业之后信奉了基督教。当谈到宗教问题时，他们往往以为我是基督教徒，听说我参加了佛学冥思小组，都感到十分不解。一位来自韩国的父亲以为我在说笑，问道："你说的是真的吗？"他们中的许多人因为对本国制度化的佛教修行感到幻灭，才转投基督教的门下——同样，许多西方人开始信奉佛教也是因为对制度化的基督教感到失望。

扎克的一位朋友的母亲来自斯里兰卡，她信奉天主教，我觉得她的宗教观富于智慧，深刻而精妙。她有一段非常有趣的评语，她说："在斯里兰卡，尽管新闻报道了一些困境，但我们很小就被教导，绝对不能诋毁他人的信仰。在澳大利亚，我们教育孩子们，要尊重每一个种族、每一种肤色，但我却在运动场上、在大众媒体中看到有针对基督教的诋毁性言论——这确实让人困扰。在澳大利亚，的确存在着价值观的盲点。人们并未能意识到自己伤人的力量。"

居于澳大利亚的僧侣阿姜布拉姆的话或许会让人们警觉自己的愚钝：当你批评他人的信仰时，你只是在批评你自己。

不 满

有时候，父母只看到了家务、责任、压力和麻烦。纠结于这种心态之中，我们就丧失了满足的能力。我们可能开始渴望假期、风流韵事、职业变化或是大采购。有时候，我们只是需要给自己一点时间，给自己一点快乐。有时候，真正的问题是我们的内心状态不好，或者是患上暂时性失明，看不到自己已经拥有的精神财富和物质财富。

佛曰：最大的损失莫过于不知感恩地获取。一些人有意识地培养感恩之心，一些人却与生俱来地就拥有它。无论是哪一种，他们都清楚地知道自己有多幸运。了解这个世界有那么多人还在贫困的生活中挣扎，他们就会升起感恩之心。世界给予我们的一切，他人给予我们的种种，都有赖于我们与他人的联系。感恩让人慷慨，增进了我们与他人的互动。这正是获得满足感的捷径。为何不在每一天中留出一段时间，无条件地感激生命的赠予？

另请参阅《奴役》

欺骗性的动机

行善可能出于各种不同的动机，我发现了一种很有趣的练习，在练习自我觉知时分辨自己“善行”的动机。这些年来，我问过许多做志愿者的父母，为什么参与义务工作，他们通常都会回答不知道——或者摆出不值一提的态度。为孩子们的运动队担任教练或做些管理工作，我们的动机通常不外乎：展现我们的领导才能；干一番有意义的事情，让自己与众不同；挑战自己，证明自己；表达对自己子女的爱；享受对少年们的掌控权力；做一个好人；因为从前缺少参与而感到愧疚。

我们的动机由林林总总的缘由组成，想要一探究竟不妨将其拆解开来，按百分比分配（20%的原因是我想要帮忙，30%是……）。我们无须担心某些真实的动机会让自己失望（想要获得更好的自我感觉，为了建立关系网……）。仅仅意识到这种欺骗性的动机就足够抑制它们的影响。我们同样也要注意到帮助他人也使我们自身收获福祉：我们感觉到更加亲密的联系，变得富于使命感，远离自私。

另请参阅《自我专注》

恐　惧

大部分人害怕冲突，所有人都害怕丢脸和失败，因此可能突发这些状况的情境都让我们担心。一场面试、一次工作汇报、作为家长和老师面谈子女的状况、与家庭成员谈到相处的问题，都可能让我们的心七上八下。紧张的我们可能好长时间都在幻想事情搞砸的场面，甚至为最糟糕的情况而担忧。这可不是做准备的良策。

西藏有一种观想法修行可以帮到我们，尤其是运用在冥想之中。有意识地觉知自己的呼吸与身体，让自己平静下来，留出心灵的空间，然后开始想象即将发生的事情。我们想象着事情顺利进行，最重要的是，我们感到自信、平静、淡定。脸上的微笑，全然放松的身体，有助于唤醒我们的这些感觉。

当然，破坏性的思绪会到我们的心里横冲直撞——但我们必须认识到它们只是过客，放手不去理会才是明智之选。在想象的情景之中，我们可能会以慈爱之心待人，给予他人美好的祝福，也会以温柔慈悲善待自己。享受一段静坐的时光，将自己浸淫在积极的情绪之中吧。

另请参阅《担忧》

饮　酒

佛陀并没有制定森严的戒律，规范修行教众的行为（虽然他为寺院制定了成百上千条戒律）。他并不关注形式，而是关注我们的行为是否会造成伤害。他为修行者提出了五条训诫：一不杀生，二不偷盗，三不邪淫，四不妄语，五不饮酒。尽管如此，我也认识一些佛教徒、佛教导师会在社交聚会中喝上一两杯。他们权衡的标准是，是否会造成伤害性后果，自己会不会神志不清。

但重要的是，为人父母，我们需要在饮酒这件事上给子女做出表率。针对近期流行的青少年酗酒狂欢问题，澳大利亚政府花了不少钱做警示广告。我们有没有在不经意间传递给孩子们这样的信息：何以解忧？唯有杜康！酒精是一种毒药，只不过恰好是合法化的，但对那些不幸对酒精产生依赖的未成年人而言，摆脱酒精要承受的身体风险比戒断其他毒品更大。

从佛教的观点来看，喝酒时，有责任确保自己不是在用酒精逃避、麻木自己的情绪。这只会阻碍自身的成长。

苦 差

洗碗、洗衣、整理家务——有些人觉得这种重复的工作简直是一种折磨，或是至少也算是乏味讨厌的事情。我认识的一些佛教徒声称，他们并未受此困扰，还有一些人说自己乐在其中，这是一种放松的方式。为什么担负同样的职责，却有“乙之砒霜，甲之蜜糖”的分别呢？我们需要理解佛教所说的“不加批判的自觉”。因为家务活而心烦气躁的家长们也可能对这一类的工作都十分反感，难以完成——那些没报酬的、不能获得赞赏的、耗时的、无聊的、不体面的工作，等等。的确，这种评判的念头一旦冒出来，我们也无法压抑，但在正念的引导下，我们可以有意识地觉察这种念头，然后“放手”，不要认同它，也不让自己陷入情绪的泥沼。

佛陀在描述正念时说：“它存在于观察之中，自由无拘，不会陷入任何世俗的考量之中。”丢掉那些对家务活的负面评价吧，我们可以敞开心胸，享受劳动的一刻。我们可以利用这个时间，修行正念与冥想，让心念锁定在当下的宁静和专注之中。想象一下，如果能够将做家务的时间用来滋养灵魂，我们会拥有截然不同的心境。

另请参阅《单调》

自我中心

很多成年人都学到了（有时候是从教训中）唯我独尊——即认为自己是宇宙的中心，认为自己的需要高于其他人的需要——会迅速引致众叛亲离。佛教也认为，这样的自我观念要不得。

是的，每一个生命都是珍贵的，每一个孩子都需要被珍爱，但真正特别的是我们之间的关系和相互的依存。自我膨胀会妨碍亲子关系，因为这是不现实的——众人拾柴火焰高，人的伟大有赖于许多人的支持与帮助，没有人能够例外。

很多社会评论家指责现代父母向孩子们鼓吹他们是最特别的。他们认为Y世代的年轻人自信心爆棚，认为"获得"理所应当，希望被另眼相待，遇到困难就逃。当然有许多Y世代的年轻人不是这样的，但我们还是常在职场上看到这种"新人类"。

因此，经常夸奖子女就变成了一件麻烦事。赞赏在一定程度上是有益的，但是需要有针对性，并且是真正值得表扬的情况。按理说，没有人是特别的，或是天赋异禀的——世上皆凡人。而且，平凡并不是罪过，尤其是如果我们能够身心健康，知足常乐，与自己平静相处的话。这还会赋予我们一项迷人的魅力——谦逊。

困　境

陷入困境往往让我们深感忧虑。佛教认为，不论处境如何，如果随心所欲，仅凭喜好而为，就真的深陷困局之中了。任何时候，人们都应有自由选择的空间。秉持正念，我们就能截断自己的业障因果，破除惯性，走入新的天地。

佛陀指出，我们整天都在分辨所遇之事是开心还是不开心，抑或两者之间。佛陀敦促我们修行正念，持正念进行分辨评判，并淡泊这种评判。我们分辨认定事情是喜悲或是中性——一分钟都要分辨好多次——却忽略了精细玄妙之处，将色彩互相混杂的，并且我们还十分笃信自己的判断，据此做出回应。这种分辨之心让人生出爱欲与执着：求欢喜，避悲苦；遇到不悲不喜又觉得无趣，漠不关心。

佛陀教诲我们，爱执之心生出苦楚，重要的是留意分辨判别背后的那份爱执。别把这份评判放在心上，从爱执之心中解脱——这便放下了痛苦与压力的源头。

另请参阅《陷入胶着》

嫉　妒

我在之前的书里提到过我的儿子们晚上入睡困难。是的，我提到过吧，还说了好几次。这件事让我感到十分难过，尤其是在他们更年幼的时候。好多年里，我与其他家长谈起此事时都是一副愁容，相当多的敏感的人对我说："我们专门训练子女该睡觉时就睡觉，否则我们真是要发疯了。"这很有帮助，为什么我没想到呢？

我承认，这样的对话并没有那么多佛味。我也承认自己的嫉妒之情。

佛法中治疗嫉妒的药方是"喜无量心"——即悦人之乐。当然，从嫉妒到喜无量心，会有一段修行之路。在这件事中，我需要转变自己狭隘的观念，不要认为那些家长是"逼着孩子早点上床睡觉的可恶的父母"，他们也在忍受痛苦，只是与我的方式不同而已。人生在世，真的会有许多重要的共性，即使我们选择专注的方向有所不同。佛学导师不断地提醒我们：我们皆是受苦贪欢的有情众生。要转化嫉妒心，我可以借助慈悲心，理解体谅那些家长的苦楚。比如，他们的孩子大概……会很早起！

恼　怒

对子女的爱愈深，为他们生出的怨怒与失望则愈多。不知礼貌的幼童、爱挑衅的“辩论家”、喜欢顶嘴的青少年——我们可以将这些孩子视作灵修导师，磨去我们粗糙的边角，修行自身的课业。负面地评判这些“难缠”的孩子们，会让我们自陷困局，甚至因为他们惹出的麻烦而心生怨恨，尤其是在被弄得精疲力竭的时候。但归根到底，子女们需要获得父母——也就是我们——的信任，需要我们能够看到他们的优点。有时候我们需要重新发掘对子女的慈悲心。

要记住，这些糟糕的行为并不是无根之水，他们的源头正是佛陀所说的“因缘”。孩子是饿了、累了，还是渴望关注？他们是不是觉得有压力，被误解，还是有烦恼？有时候，我们需要把孩子们就当孩子看——也就是说他们本就没有成年人的成熟度，可能笨手笨脚，可能难以意料。正如我们希望他人给予我们的那些一样，他们需要的是我们的信任，而不是被贴上负面的标签（顽固！神经过敏！不能忍受！）。

某种程度上，我们可以把这些不良行为当作一种恭维：至少他们认为家是一个感到安全的地方，可以放心展现他们性格的方方面面——而不会因为恐惧而倍感压抑。

另请参阅《与孩子们的争执》

对子女的期待

弗洛伊德描述父母的爱时说：“看似感人的亲情本质却如此幼稚，它不过是父母们又一次陶醉在自恋之中罢了。”真希望他所说的对我们大部分人而言都不正确。我们必须确定一件事，尤其是在如今这样竞争激烈的社会环境下，孩子们要能明白，我们的爱是无条件的：他们无须做些什么来赢得父母的爱。如果孩子们感受到来自父母意志的压力，那么父母越是为他们的出色成绩而喝彩，越是会破坏他们获得快乐的能力。

如何评判一个人的价值，我们都有自己的一套僵化观念（运动能力、智力、音乐才华、受欢迎程度、善行）。但为人父母，我们要努力让孩子们成为他们自己。在养育子女的过程中，该如此这般地修行，学着放下执着，放下欲念。

皮耶罗·费鲁奇是一位佛教徒，也是一位父亲，他在《养儿育女的礼物》一书中讲述了母亲对他的期待是怎样影响他成年后的生活的：“母亲的期望就像是我背负的一座大山，但是她又那么爱我……有时候，我觉得生命完全不属于我自己，我的一切都由别人操控。”

儿童心理学家敦促我们多赞赏子女的努力，而不要只盯着结果。他们只能尽力而为。

另请参阅《孤岛》

对自己的期待

单凭两个字就能让我们如泰山压顶般地紧张，这就是“应该”二字。我们有自己的一套固定思维，其他人应该遵守怎样的行为规范，我们自己的一天应该做什么，我们的生活应该是什么样子，我们应该怎么想，应该怎么做。我们执着于“应该”，就和执着于其他事一样，感到痛苦，徒增不安。

有时候，我们的愿望听起来完全合理：孩子们应该把自己的屋子收拾得井井有条，伴侣应该聆听我的倾诉，我应该更宽容大度。如果我们过于急切，如果我们的预设变成了心中的结论，那就只会让压力指数节节攀高。

有趣的是，“应该”二字通常会激起内心的叛逆，就像“我应该要抵抗巧克力的诱惑”“我应该克服拖延症”。

我的第一位冥想导师告诉我，在静坐中要带着温柔、耐心和坚持，但我觉得，这三种品质也是我们面对日常生活的理想态度。现代父母要保持心理健康就要懂得放手，不要执着于过高的期望：我们的家不可能永远干净整洁，不可能天天都像样板屋；我们的生活也不可能事事完美，没办法时刻取悦每一个人。接受不完美是必然之举。要记得这句谚语：所谓压力，就是你想象中的自我；所谓放松，正是真实的自我。

另请参阅《内疚》（两篇）《脑叶切除术》《完美主义》

极端主义

释迦牟尼佛在菩提树下静坐冥想领悟了两件事：王子的奢华生活不能带给他快乐，斋戒苦行的生活也不可以。佛陀顿悟之后，便开始在他的传道中传扬行中道，走两个极端中间的道路。

如今，我们身边的许多人都在以一种极端的方式追求快乐，比如享乐主义、疯狂工作、酗酒、完美主义、物质主义、消费主义、自恋、原教旨主义。所有这些方式都是有关于爱执或自我中心的渴求，这些都被佛教视作痛苦的来源。我们可以将佛陀之路当作是一种不断寻找动态平衡的方式，以此作为我们的生活态度，来适应不断变化的境遇。为人父母尤其该如此行事。我们要找到一种平衡，比如，在过度保护和放任自流之间找到平衡点；在太严苛和太宽容之间找到平衡点；在过分关注与过度疏忽之间找到平衡点；在坚硬与柔软之间找到平衡点。我们需要确保生活的方式和步调处于平衡的状态，同样需要平衡的还有我们对自己、对孩子、对家庭成员的期望。我们需要警惕，不要沦为自己的奴隶，被内在的监工驱使，眼里只有目标和待办事宜。

另请参阅《完美主义》

失　察

我们的心都被麻烦和目标占据了，耳边是过去的回音，脑中预演着未来的种种。因此，许多人失察于自己当下的境遇。如果我们生活在自己的念想里，是否就错过了自己的人生？至少，我们可以说，我缺席了自己的人生。

让自己重新建立起与真实环境的和谐关系，我们可以练习禅宗图示——你不必做得像个艺术家：看比画更重要。将每日的生活随意涂鸦[illegible]个句子、一片叶子、一把牙刷，都是修行无批判觉知的契机：不需要去评估你的画作。事实上，我们几乎不用去看自己的画。这只是与我们对事物的态度有关，敞开怀抱、充满好奇。在与孩子们的互动中，这也是一项重要的活动，让他们能够学着以更深刻的方式看待这个世界。

“时间不够用”这一理由尤其会让人跳过这项练习，但如果你认同我，又觉得没时间来拿起画笔，不妨用你的眼睛认真观察身边的一切，完成素描：注意角度、结构、光线、形态与模式。

家庭冲突

与姻亲的矛盾、与兄弟姐妹的意见不合，圣诞节的家族聚餐都可能是家族大戏的剧本素材。最糟糕的状况往往与亲子问题有关，而源头可能是三代同堂，共处一室惹出了麻烦——甚至有可能只是远距离的联系。尽管大部分人都极力避免冲突，但有时候还是克制不住地大发雷霆或是强烈表达自己的反对意见。这很可能就会演变成一场风暴，有批判，有偏袒，感到受伤，生出怨恨。

另一方面，这也是一个很好的机会，让我们学习处理强烈的情绪，在灵修的课业上获得长足的进步。有一个非常流行的方法，其首字母缩写为RAIN，可以帮助我们走上正确的方向。第一个字母R代表“承认”（recognise），承认自己的情绪（生气、悲伤、尴尬、恐惧……），指出它，感受它，跟随它。第二个字母A代表“允许”（allow），允许这些情绪的存在。这意味着我们不用依赖酒精和遥控器，也无须退进自己嗜好兴趣的小天地里转移注意力，或者压抑限制情绪的表达。第三个字母I代表“探密”（investigate），探寻缘由。这些情绪如何在我们的身体中流动？思考如何影响着情绪？还有别的情绪存在吗？我们不用给自己来一场精神分析，只需不带评判地进行自我观察。最后一个字母N代表“无须认同”（non-identify），我们承认这种情绪，并不代表我们认同这就是我们的全部，更不要因此让自己耗尽力气。

另请参阅《冲突》《对抗》

家庭假期

生活中，你可能会逐渐养成一个习惯，期待一次难得的假期，放纵一下，享受一下，留下一段美好回忆。一般的家庭假期则有所不同。初为人父人母，“阖家度假”真是令人痛苦的矛盾体——尽管随着孩子们的成长，父母也在尽力改善这种情况。每个人的口味都不尽相同，该怎样规划假期就是个问题了，如果太执着于自己对假期的愿景，就毁掉了所有假期享乐的机会。

佛法四圣谛之二　　集谛，说的正是欲望牛烦恼。如果我们固执于自己对假期的明确构想，就会变得紧张，很可能因为要捍卫自己的完美假期梦而引发冲突矛盾。

家庭假期会有惊喜、协商，往往还伴有口角争执。美好的家庭假期需要让步、灵活、不执着。控制狂就不必参加了。

另请参阅《控制狂》《学校假期》

疲 倦

睡眠不足、满足他人的需要、繁忙的工作、身兼数职、激流勇进都让人疲惫不堪。让父母们倍感疲倦的原因数不胜数，但有时候我们是真的觉得精疲力竭了：忘了正念，忘了正觉，忘了布施。

既是禅师又身为母亲的凯伦·美岑·米勒在《妈妈禅》一书中为这些累惨了的父母们开出了秘方解药："一位禅师劝诫众生：'如果感觉累了，就是累了。'换言之，不要夸张，不要多想，不要抱怨，这样就不会深陷其中。不要拒绝，不要轻视。也不要夸大它的意义和困难。累了就是累了。"她的意思是，就屈服于疲乏的感觉吧，注意到疲乏是如何让你安静下来，回归平静，不再折腾。

另请参阅《精疲力竭》

担 忧

父母一般可能会担忧哪些事情呢？举几个例子——担心失败，担心变老，担心死亡，担心自信不足，担心不能得偿所愿，担心失去所拥有的，担心所得非所愿，担心遭受痛苦，担心子女受苦。如果我们觉得为了生存不得不列出许多需求，那么担忧的程度自然会随之飙高。我们拔高了普遍的标准。要满足上百样不同的欲望，任何威胁到心愿达成的因素都不免让人担忧。

忧心忡忡时，我们要向内探索，扪心自问，我最真实的需要是哪些，哪一些需要其实是在自欺？既然快乐由心而生，我们为何如此依赖外部环境——这所有都难以永恒——来取悦自己？

我们有一种错觉，以为自我是始终如一，不会改变的。佛法认为，我们正是因为要捍卫这种错觉，而生出了担忧。最深的担忧是，这样形态的自我不存在，于是我们追求各种爱欲，满足自我，确保那个虚假的自我是存在的。我们往往混淆欲望和自我：那个事业有成的人就是我；绝不让子女受苦的父母就是我；那幢房子/那辆车子的主人就是我。

说得好像真的一样！

另请参阅《焦虑》《被拒绝》《忧虑》

自觉刻薄

有时候在生活中，我们会对自己难搞的性格感到失望、挫败，然后习惯在亲近的人面前不加掩饰地宣泄一番。对我而言，这样的宣泄过后，我会觉得很不舒服，即使因压力释放而得到片刻短暂的满足。我感觉好像背叛了更高层次的自我。大部分情况下，这些亲朋好友们自然是力挺我，但效果是安慰多于启迪。问题在于，如果朋友们恰好与我的观点有共鸣，那就更没机会清晰地了解那个“不好相处的我”，只会让我继续处于麻烦的人际关系之中。

有一些佛教徒发誓不再苛责他人，然后我就听到他们开玩笑说，在开始的几个礼拜，自己几乎就没怎么开口说话。

和自己信赖尊敬的人探讨一下自己人际关系中的问题无可厚非。但我们还可以选择更为明智的方式：关注显而易见的事实，以及自己的反应和情绪，而不要一味地声讨对方——还可以研究一下不友善的观念。我们需要留意自己的意图：我们的表达是想要解决情绪的问题，还是在强迫性地攻击敌人？这样的交谈是让我趋于平静了，还是只是火上浇油？

另请参阅《嗔念》《评头论足》

不堪重负

资深佛学导师苏巴娜·巴尔扎吉鼓励我们将重重压力化整为零，以便更精准地观察。这个方法通常适用于压力情况，进一步来说，也同样适用于各种不同情绪混合的情况。任何具体的压力状态都可以拆解为多种心态，像激动、震惊、厌烦、惊慌、挫败或是无助感。接下来，她建议我们以百分比分配这些心态的比例。埃里克是一位父亲，他在苏巴娜指导的一个小组中说，列车晚点会让他非常紧张，他担心不能及时回到家中与孩子们道晚安。经过拆解，他觉得在月台等车时，40%的情绪是对政府交通系统运力不足的怒气，30%是没有见到孩子的懊恼，剩下的30%是想见子女的渴望。用更精准的语言描述了自己的感觉之后，埃里克感觉轻松多了。压力碎成片段后，埃里克得以窥见其中不同部分的变动：它们的出现、构筑、减弱、消逝。

自觉矜持

在亲密情感的领域修行不执的一种方式，就是向陌生人——咖啡屋的服务生、对街的女邻居、叽叽喳喳的小朋友、邮差——敞开心扉。并不只有亲朋好友们才弥足珍贵，那些能够让我学到新东西的人也一样。

我的朋友金·戈尔德，是一名佛教徒，也是一位母亲，我很喜欢引述她博客里的文字："我开始进行冥想后，发现了一项潜在的效果，那便是我的心灵真正地敞开了。不论走到哪里，我都不断地遇到让我惊艳的人，并与他们'交流'。在公园，在五金店，在动物医院……昨天理发时，我突然发现自己与陌生人交谈了起来。不论在交谈之后是开启了一段新的友谊，还是转身依旧陌路，我们都给对方留下了美好的感觉，我肯定这种感觉在接下来的一整天里也会感染到其他人。邂逅仍在继续，让我欣喜无比！直觉告诉我，冥想时放松精神，培养包容开放的心灵，肯定与这些际遇有关。人与人的和谐相处构建了这样的美好关系。"

尽管从小就被警告过，但有没有想过与陌生人的友善攀谈可能会让我们的世界更宽广、更灿烂？

另请参阅《聚焦自己的子女》

聚焦自己的子女

如果想确保我们对子女强烈的爱不会成为一种贪婪的爱执，不妨敞开心胸拥抱所有其他的孩子。父母很容易忽视孩子们纯净的本质，以实用性的眼光看待他们：很适合或不适合与我的孩子做朋友，有没有带来好的影响，他们的父母是不是亲切友善。

我们都知道，如果其他的成人能够欣赏我们家孩子的可爱之处,那会是多么感人。因此，我们越敞开怀抱，赞赏其他孩子的美，就会有越多的心灵获得感动。在我的童年记忆中，有少数素昧平生的大人真诚待我，向我传达了温暖的善意——我肯定，他们让我更加自信。所以在孩子们的群体活动中，我们可以认识另一些孩子，与其建立友谊。这样，我们不费吹灰之力，就为子女建立了一个亲切友善的成人社交环境。

另请参阅《自觉矜持》

忘了修行

为人父母，修行佛法要面临的挑战之一就是不要忘记。行色匆匆，忙着评判，顾着遵守规则，我们常忘记保留一份大疑之心，而是囫囵遵从欲望与偏好的指引。

有时候，我们感到泄气，于是日复一日地以相同的方式应付生活（挑剔唠叨，吵吵闹闹，反复思量，忧心烦恼），尽管我们的反应似乎毫无效用，只是让自己精疲力竭。当然，随着修行的深入，我们在那些回应家庭生活的惯性行为中注意到了更多微妙的柔化、转化和开放。但我们该如何在深陷混沌的家庭生活之时依然不忘修行呢?

有一个提醒的方式我觉得挺有效。我在后院供奉了一尊释迦牟尼佛像，在厨房（我要在这里做晚饭）就能看到。尽可能经常向佛像鞠躬成了我的一项修行。我鞠躬行礼并不是因为佛陀是国王，是神明或是一个崇拜的对象。我鞠躬表达的是我对佛法教诲的尊敬与感激之情，它让我认识到自己在任何时刻都有“觉悟”的能力，让我认识到自己本质的佛性。鞠躬是按下暂停键的方式，能让我重新调整自己内在的方向，不再盲目前进，而是以更富于智慧的方式去生活。事实上，佛像是一个可选项：我们可以随时随地向心中的佛像鞠躬。

另请参阅《三心二意的修行》《缺乏自信》

挑　食

谚语有云，人如其食。[1] 我真希望能如此简单：对我而言，我如亚历克斯的食物。亚历克斯，我八岁的儿子，总是很挑食，热爱垃圾食品。人们都认为我看起来是会给孩子们合理安排饮食的母亲，所以儿子的挑食总让我压力巨大，超过了事情本该有的程度。他拒绝吃蔬菜和沙拉；这让我觉得自己好像是个失败的母亲。如果他吃了一顿健康大餐，我就变成了好妈妈。诸如此类。

由亚历克斯的饮食延伸出的自我认同给我挖了一个陷阱，看到一些家长给孩子准备的午餐便当是派对食品，我就不免摆出苛责的态度。(的确有很多现代父母为孩子们准备食物时不负责任，但我的反应有任何帮助吗？)

挑食这件事，就像生活中很多事情一样，归根到底就是一段静思祷文所说的：请赐我安详，接纳我不能改变的事物；请赐我勇气，去改变我可以改变的东西；并赐我智慧去认识这两者的差别。一段基督教的祷文，同样也深深地启迪着佛教徒们：深陷爱执时，请适时放手。因为所有儿童护理人员都告诉我们，在西方，没有孩子因为营养不良而死。

① 西方谚语，指饮食可反映一个人的性格与生活环境。——译者注

内疚——第一篇

母亲特别容易背负沉重的内疚枷锁。冲孩子发火会让我们内疚，与伴侣争吵会让我们内疚，过量饮食、浪费时间、没有做一个合格的母亲……内疚的原因不胜枚举。如果你修行佛法，也可以将这些转化为一种内疚修行：我正念不足，缺乏冥想练习，不够冷静，对他人缺少慈悲心。我们可能会发现，内疚的原因总是同一件事。我们为何没有解决生活中产生内疚的源头问题呢？是否因为内疚并没有起作用，而只是将我们拖入了挫败的循环之中，甚至是自我厌恶？

在西藏，甚至没有“内疚”一词——只有“悔改”，这就是区别。不察的行为导致内疚，反复地磨损我们的自我价值。悔改就是坦然承认错误，全面承担责任，就事论事，不针对个人。非常重要的是，悔改让我们原谅自己，让我们对自己心生慈悲。另一方面，我们也从错误中吸取了教训。

另请参阅《对自己的期待》
《内疚——第二篇》《脑叶切除术》

内疚——第二篇

我最近参加了一次讲座，主讲人是美国的藏传比丘尼图丹·却准法师，她改变了我对内疚的认识。她向听众发出了质疑：“深陷内疚之中，就好像在说，我如此强大，能以摧枯拉朽之势搞砸所有事；能凭一己之力，毁掉我的婚姻；能凭一己之力，葬送整个团队的努力。”她强调，我们的内疚之情夸大了自己的价值。这是另一种反向的傲慢自大，忽略了所有事件背后复杂多样的原因和情况。

她接着说：“我们面对的挑战是，根据情况辨识出自己应该担负的责任。如果犯错了，懊悔改正就好。我们一定要能够分辨出内心浮现的内疚与懊悔之情。如果我们把手放到炉灶上烫了一下，我们会懊悔，但不会内疚。

“在我们的文化中，总是以为越内疚，越能解除我们的罪。自我批评与内疚是我们惩罚自己的方式，我们认为这样可以缓解自己行为所造成的不良后果。我们需要唤起对自己的慈悲：承认自己的错误和行为不当，净化和改正这些行为，以自己的能量惠及他人。”

法师温和地劝诫我们说：“不要用这个错误来定义自己。”

另请参阅《对自己的期待》
《内疚——第一篇》《脑叶切除术》

轻　信

在社会上，我们发觉自己会相信一些八卦传闻，流言蜚语，造谣中伤，因为这很刺激。我们经常轻信报纸新闻上的言论，而忽略了记者也会犯错，甚至会蓄意扭曲事实。作为父母，我们特别听从“专家”的意见，而实际上我们自己才是最了解子女的人。

幸运的是，我们生活的时代，任何真正的教育都能培养批判性思考的能力。佛陀是批判性思维的拥趸，这让我十分钦佩。他说，不要因为听说过很多次或是留下深刻印象就接受一件事，也不要因为传播甚广或是著成文字就照单全收，不要仅仅因为合乎逻辑、理由充分、理论正确就认同一件事，不要因为尊敬老师就轻易相信任何事。即使是佛陀的真言，也没必要不加以验证就囫囵吞枣地接受。佛陀总结道：“当你亲自了解了，‘这些法是善巧的；这些法是无可责备的；这些法受智者的赞扬；这些法采纳奉行起来，趋向安宁与幸福’——那时你才应当进入，安住其中。”

向内心的智慧请教，借助内心那位瑜伽智者的帮助，辨识危害。务必亲证在先，或是与他人讨论，但不要摒弃自己的道德直觉。

另请参阅《缺乏自信》

三心二意的修行

许多人对佛教有兴趣，花费好几年，断断续续参加了许多严肃的修行课程。阅读一本富于启迪的书籍之后一两周的时间里，逐步强化正念，但接下来，他们又被其他事情打扰，分了心神。几个月后，他们又参加一次佛教的活动，感觉醍醐灌顶，但很快又回到了浑浑噩噩的生活。想解决这个问题，不妨参加一个僧团或是学佛小组。有一次，佛陀被问到朋友对于修行者的重要意义，佛陀回答道："可敬的朋友不是半个圣洁的生活，而是整个圣洁的生活。"

佛陀还建议我们"皈依"，或是在面对压力、苦难时寻求庇护，寻找三宝——佛（启发我们的觉悟），法（佛的教诲），僧（灵性的社团）——的帮助。每周一次，全年无休，参加学佛小组活动是我最有效的修行方式。每周我都能感受到其他修行者带给自己的灵感启发，带给自己正念与慈悲的能量。

另请参阅《忘了修行》

铁石心肠

激烈竞争和财富追求构筑起的物质至上文化，让我们很容易把心灵遗落在角落。我们的文化让人格面临挑战，让人轻易就会变得贪得无厌、占有欲强、妒火中烧。有趣的是，佛陀并不为成功人士感到忧虑，而是认为贪婪才是麻烦。灵丹妙药就是布施。

佛法认为，给予的行为并不是唯一重要的，还有背后那颗慷慨仁慈的心。惠及他人的意图能够帮助我们解脱业力，因为每一次布施都帮助我们成为更仁慈的人。佛陀认为布施和放下执着一样重要。慷慨地将财富投入慈善事业是一种布施。但佛陀教导我们，布施的方法还有很多种。我们可以付出时间（比如做义工），可以给予保护与安全（比如不要杀死家里的蜘蛛），还可以慷慨地分享佛法知识。有一种布施总是被我们忽略，那就是全神贯注地聆听，站在对方的角度，唤起自己的同理心。另一个我们能够给予的，就是疑罪从无的态度。每一次看到他人受到批判谴责时，试着给予保护。保护终究比苛责更正确。

另请参阅《自我专注》

嗔　念

要恭喜你翻开了这一篇！很多人会跳过这一篇，认为“我没有这个问题”——没人愿意心怀怨恨。其实，嗔念不过是强烈讨厌一个人的情绪而已，没有人能在日常的心念中完全将其摒弃。纠结于怨恨的念头和报复的幻想，在心中重复着各种被激怒的过程，并不是梳理精神空间的良策。我们这么做的次数越多，越强化了这种习惯。

和贪痴二毒一样，佛陀也对治愈嗔毒给出了五点建议，任何时刻我们都可以根据自身情况选择适用的方式。

1.关注积极面——所怨恨之人身上有何可取之处呢？

2.关注结果——这些嗔念会带来怎样的影响呢？紧张？心情不好？嗔恨会带来怎样的危害？

3.转移注意力——别再关注这些嗔念，为自己的心灵换个主题。

4.考虑一下替换方案——你能以慈悲心来对待此人吗？你是否能够宽宏大量，疑罪从无？

5.意志力对抗——下定决心；以冥想静坐的方式，生出强烈的意愿抵抗嗔念。

任君选择。

另请参阅《自觉刻薄》《评头论足》

辅导功课

佛法修行，为求参透。实际情况如何呢？举个例子，有时候“帮助”的实质和表面看来不尽相同。最近，心理学家指出，父母应该停止给孩子辅导功课，理由是，这样做会伤害子女的自尊心，因为父母此举的潜台词是：你自己没能力完成。有一些学校发通知提醒家长，孩子们在犯错中学习，扎克的学校就是这样。如果子女遇到不会做的功课，父母可以帮助他们获得解决问题的能力，但不要越俎代庖。比如，通过提问帮孩子理清思维，独立想出问题的答案。如果孩子的作业得了个高分，他们会很满足，因为这是他们自己努力的结果。

当然，有时候辅导子女功课也很伤父母的自尊心。最近，亚历克斯要做一个太阳系模型，要交作业的头天晚上他才告诉我。时间太匆忙，我也不太乐意做，于是就把东西胡乱凑在一起完成了。其他孩子（有学识的父母）做出来的成品非常专业，让人佩服。那天放学，老师把亚历克斯叫到一边，和蔼地说道：“祝贺你完成了太阳系作业，亚历克斯。很明显，你是唯一一个不靠父母，独立完成作业的学生。”

另请参阅《监督功课》

监督功课

有些母亲咒骂我。在上一本书中，我随意提了一句，亚历克斯每周一从学校回来便开始写作业，一口气就写完整周的作业。或许我言语间有点沾沾自喜吧。那本书上架不久，亚历克斯就罢工不写作业了，除非我跟他为这事儿一直对峙斗争。

孩子“不屈不挠”时，我们该如何是好？首先，在孩子们对待功课的态度上，我们要就事论事，不要以此评判自己是不是成功的父母，或是说：“我们是这样的家庭，也永远会保持这样。”我们要能够感同身受并理解孩子们，他们累了，上了一天学回到家，写作业可不是让人愉快的休闲娱乐。最重要的是，我们要让子女养成习惯，下午留出一段时间写功课，这是循例之事。贿赂也许是一种被我们低估了的教养方式，比如，“你好好完成作业，我就让你……”这一招对我来说很管用。

另请参阅《辅导功课》

丢　脸

有一天，我鼓励扎克违反一条校规。我觉得这样做无伤大雅，的确也让我们家讨得几分便利，就那么一次。我感到有必要撒个谎来遮掩一下，于是立刻就找到相关的老师。不幸的是，他已经和扎克照会过，扎克已经说出了实情：“我妈的主意。”老师瞪着我，然后说：“我希望父母在家庭教育中注重一下诚信！”

有人——无论是谁——认为你是个不合格的父母，都会让你很受伤。我的自我意识遭到了攻击，我注意到，接下来的几天里我都沉浸在报复的幻想之中，琢磨着给老师来一句完美的反击。我希望从其他家长那里听到这位老师的骇人新闻，疯狂地搜集证据，想要证明他是个疯子。他对我的看法让我无法释怀。

佛陀有云，八世法困扰众生：利、衰、誉、毁、称、讥、乐、苦。我这件事的主要病症是若毁，佛陀要求我们修炼自身，以淡定之心处无常之事，不要执着于欲望和嗔恨。我要看清自己的境遇，为自己的过错负责，别觉得这是冲着自己来的——毁只是世事体验的一种，是生命的一部分，世人都会经历。

另请参阅《羞愧》

疾　病

不论是寻常的头疼脑热，还是更严重的疾病，生病都是让我们痛苦的事。于是，在生病的时候就引出一个令人关注的问题，这里有多少苦是由自心生出。是的，我们的身体在遭受痛苦，但是注意观察自己的心念，我们很可能会发现自己平添了许多的煎熬，其实本不需如此。我们心里跟自己说着所有生病耽搁的事儿，所有错过的娱乐，所有辜负的期望。我们为这种强制休假而生气（拒绝接受生病也是我们生存的特性之一），捶胸顿足地感叹“我为什么会生病”，自我纠结“病情总不见好转呢，要一直病下去啊，病得真不是时候”。

如果我们能够在一定程度上心生感激，感激有机会停下奔忙的脚步，偷得片刻安逸宁静，接受生病的现实，这能让我们减轻多少痛苦呢?

有一位佛教徒——同时也是两个孩子的父亲——与我在同一个僧团好些年了。他决心与自己的“癌症”做朋友，不再如临大敌，与之战斗了。他说，他的态度加上坚持冥想帮助他延寿了五年，让医生大吃一惊。

另请参阅《身体疼痛》

恶　行

很多修行佛法的人都是先从冥想做起的。有些人视之为叛逆，向父母的宗教信仰示威。另一些人怀念六十年代的嬉皮风——那时许多西方人追求灵性，或是成为“达摩流浪者”。有些人在蜜月期结束后就离开了佛门，我猜其中一个原因可能是认真的修行要求“行善”。

我们通常将佛陀之道描述为“冥想、道德与智慧”，所以道德是其中一个关键。正如一些佛教徒唱诵的祷文：从善、弃恶、净心。

佛陀特别为道德拟制了五戒，即禁绝杀生、偷盗、邪淫、妄语、饮酒。与之相对的五种正能量为：仁慈、布施、知足、诚实、自觉。佛教五戒并不是为教宗的目的，而是为我们铺开了道路，探索如何避免伤害。（声明一下：我杀过头虱和狗跳蚤，说过善意的谎言，喝过奇怪的酒。）有趣的是，某些师傅扩大了五戒的意思：越南僧侣一行禅师认为某些电视节目也蒙蔽人心（同饮酒）。温顿·希金斯，我所在僧团的一位导师，将话痨也视作偷盗（也就是说，偷盗了听者的时间）。

另请参阅《邪念》

急　躁

你可能以为参加佛七的人都是仁善、温和、慈爱的冥想者们。要谨记，尽管冥想者正在走向悟道——但他们还尚未圆满。我与组织佛七的师傅交谈过，他们私下与常来佛七的信众们交流，参与者们承认，许多人感觉到强烈的焦躁。禅堂内发出阵阵鼾声的人，制造噪声的迟到者，呼吸声大的人，在厨房里慢慢吞吞、让所有人等待的人，偶尔粗心大意打破圣默的人。有一些人是对自己没耐心，想着自己怎么还没体验到狂喜，为何保持专注那么难，或是为什么自己感觉昏昏欲睡。

师傅会意点头，告诉他们，不论他们体验到了什么，都准确地符合他们自己的预设，冥想的目的之一正是培养耐心，不随境遇而动。佛法之中再三强调了耐心是一种美德，它是愤怒的对立项。修行耐心有三个部分：保持冷静，接受不满，增强信念。相信佛法能够在困境中给予帮助。

另请参阅《动怒》

待人冷漠

在逛街时，你有没有留意过自己的思绪？与数百人擦肩而过，我们却只是顾着自己的差事。若我们检视自己的心念，就会发现自己已经迷失了心神，无视周遭，一门心思只关注既定目标。

即使我们注意到了路人，也很可能是以自我为中心地评头论足一番。我们无视了他们作为人的复杂性与珍贵性，只当作挡道的、胖的、迷人的、穿着邋遢的、丑陋的、古怪的、走得太慢的、迟钝的、衣着光鲜的、装扮时髦的……简单粗暴地在心中指指点点。

要将我们在公共场合的这种行为转变为一种善缘，有一个简单的方法，就是向陌生人传递仁爱，想着“你会有福报”或是“你将脱离苦海”。我经常如此行事，却是利己的缘由，因为这让我自己感觉良好。我走出自我陶醉的小天地，因为关照他人而感受自身内心温暖的光芒。许多路人看起来压力重重、心事烦忧、疲惫不堪——很容易让人心生慈悲，衷心祝愿他们平安幸福。我尤其同情那些与家里蹒跚学步的幼儿“艰苦斗争”的父母们。

另请参阅《分离》

个人主义

我们生活在崇尚个体的西方社会。我们的价值体系看重独立、隐私、自力更生、竞争、追求自身目标和欲望的权力。这些价值观未必不对，但我们也忽略了一些理念，比如交流、合作、分享和体谅他人。最糟糕的情况便是陷自己于孤独、分离与自恋的泥沼之中。我们轻易就忘记了获得快乐最为有效的方式莫过于建立起与他人的联系。

作为父母，我们至少与子女之间有万缕千丝的亲情，并非常关心他们的福祉，但如果我们想要满足自己精神的潜能，仅凭这些是不够的。

忙于竞争，我们忘了仁善与布施。忙于猜忌，我们忘了慈悲心和同理心。忙于为己担忧，我们便受限于一个小小的天地之中。

有趣的是，将“自我”紧紧系于心头首要的位置，是让我们总以扭曲的方式看待自身境遇的缘由。若遭挫败，我们则全部归咎于自身；若功成名就，我们也独得全部荣耀。佛陀告诫众生，凡事背后皆有复杂多样的因缘。失败时，绝不会全部是我们自己的错——即使我们需要承担自身的责任。成功时，大半该归功于他人的支持帮衬，或赋权、或培养，或庇护、或启迪我们。众生皆互助互依，所以我们要实际地看待自己的挫败，也要对成功心存感恩。

另请参阅《分离》《孤岛》《孤独》《缺爱》

忘恩负义

如果你只看到了自己对世界的贡献，而没有注意到自己的所得，自然心气难平。如果你驻足观察自己现在所处的房间，你会找到感恩的理由——有上百人为你打造了家具、房屋、家中饰物，提供了电能，其他人投入巨大的精力为你提供了当下的环境。在世为人便是承蒙恩惠。作为父母，我们要感谢所有的老师、教练以及帮助我们养育儿女的健康护理专业人士。真正懂得这份恩情的人自然待人也宽仁慷慨——他们甚至都不会有一丝犹豫。

一位西方人加入佛学小组后感受到一种文化的冲突。在这里我们会相互鞠躬，尤其是对老师。初来乍到的人或许会有些抵触之情：这似乎有些卑屈，甚至有辱人格。其实在佛教中，鞠躬表达的是尊敬和感激。鞠躬是尊重他人的尊严、仁慈与珍贵。我们可以将这种心态扩展到佛学领域之外，培养一种“鞠躬的态度”，对待所遇的每一个人——或者甚至练习在心中对他鞠躬。要知道，在印度和尼泊尔，人与人见面都会行合十礼，互道“Namaste”，其字面意思正是“向你鞠躬”。

孤　岛

在子女刚出生或蹒跚学步时，有些父母会觉得需要少一些外务，退回家庭小天地。担心睡眠时间会被打乱，收拾尿布，摆弄车座，或是到处追着刚学步的孩子，这些都是让父母们放弃自由在外的缘由。待在家中自然方便些。于是，一些人即使已经不需要这样了，却还是延长了这种模式的持续时间，并且已然使其成为一种习惯。这样过了多年，子女就成了我们生活的中心或是我们世界的围篱。我们依赖子女过活，而没有培养只属于自己的兴趣。

在最极端的情况下，子女在成长过程中，会感觉自己必须做出自我牺牲来补偿父母的人生。他们觉得自己有责任实现父母未竟的理想。为了孩子好，我们也必须给自己找一股有益健康的快乐之源，结交朋友，不要局限在至亲的家庭圈中。我们要持开放的心，拥抱完整的人生，而不能单单只是抓住养儿育女这一项。

另请参阅《个人主义》《孤独》《缺爱》

不理性的嫉妒心

有一天，我发现长子在床上偷偷地哭。

他解释道："我觉得很对不起尤马。"

几天前，我家新来了一只小狗，是为了给我们粘人的两岁的小狗尤马做个伴儿。

尤马讨厌这只新来的伙伴，第一眼开始就讨厌。她在头几天里想要杀死这个伙伴。

我试着宽慰扎克："这就像是你和亚历克斯。你们也常打架。你们争夺父母的关注，但是在内心里，你们还是一家人。"

"不，我们才不是。"扎克回答道。

之后的数月里，两只小狗仍然每天大部分光景都打打闹闹（我想它们乐在其中）。至少，我们很难证明动物有嫉妒的天性。人与动物的区别是什么，想来是我们有能力觉察到自己不理性的嫉妒心，并超然自逸。嫉妒他人乃是平常本性之事。觉察到它让我们不致因此做出伤害之举。这也就是说，要承认嫉妒的感觉，与它共处，观察它，而不要让妒火将我们烧成灰烬。这只是人性的一部分，或者动物也是。

另请参阅《嫉妒》

激　怒

在家庭生活中，会惹恼我们的芝麻小事多如牛毛。这意味着很可能我们生活中大部分时间都处在恼怒的状态，不断应付恼人之事。一个孩子抱怨，另一个孩子指责，他们的床上乱糟糟，邻居家的狗狂吠不停，你在打扫，伴侣却只顾着看电视——真烦啊！

初学佛法时，有一条教诲深深震撼了我，改变了我的生活：伤害你的并不是愤怒，而是你对愤怒的厌恶态度。强求带来痛苦，我坚决想要停止恼怒，我坚信这是难以忍受的，没人应该忍受。与愤怒斗争，拒绝接受我们无法改变的当下，让压力指数飙升。放手吧，别再执念于当下应该如何了，练习遵从事情自由发展的轨迹吧。

这里有一个小窍门，就是按下思维的暂停键，“停下来，认识一下”。我们陷入了惯性，我们在对抗事实。然后我们举手投降，放松紧张的身体，享受全新的自由。这并不是说我们变得消极了——如果能够做出积极的改变，我们就采取行动。我们只是不执着于这项努力的结果而已。

另请参阅《动怒》

合适的工作

最近在电台新闻中听说，有一项研究就工作薪酬的分配提出了这样一种新的可能性，不按工作者的教育水平、技术或才智付酬，而根据他们带给社会的效益来付酬。这项研究指出，医院清洁工应该得到更高的薪水，因为他们的工作阻止了疾病的传播，挽救了无数的生命；而广告业者则应该减少所得，因为他们刺激了过度消费，引起了环境问题、社会问题和健康问题（比如全球变暖、债务和肥胖问题）。这样的薪酬体系恐怕永远不会成为现实，却带给我灵感，思考佛法中的正命（八正道之一），清净身口意之三业。佛陀教导众生，注重道德是免于压力与苦难的关键。在职场上，我们待人接物务必真诚、友善、有礼貌。我们还要想一想自己传递给子女的事业观。是为了赚钱消费而工作呢？还是为了帮助他人，或是追求自身的影响力呢？

我们需要扪心自问：我的工作符合自己的价值观吗？是有助于社会的，还是成为阻碍？我的工作是否出于慈悲心，是否与他人相关？我去工作的驱动力是什么？是否默许了贪腐、剥削或愤世的行为？一些佛教徒的确发现深入修行会促使职业生涯转变。

评头论足

不够谨慎的父母很容易把自己变成首席法官，通过严厉地批评其他家长，让自己获得优越感，并忽略自己的短处。有时候，我们会陷入困境，满心都是对父母、祖父母，甚至不是父母的人的吹毛求疵的念头。这时候，我们往往自觉高人一等。但是佛陀教诲我们，这种分别心不过是一种虚妄。夸大自我意识强化了这种妄念，认为自己是宇宙世界的中心、永恒不变的存在。佛陀不断地告诫我们，众生互相依存，没有真正的分离或间隔。

佛法中有个方法能帮助我们面对这种难处的关系，那就是重复吟诵祷文“她即我”。这为我们擦亮了双眼，明白自己在一定的条件下也可能做出同样的行为。众生皆如此，贪喜乐，避苦难。遇到难相处的人生出苛责的念头之后，可以用类似的方法，加上一句“和我一样”。弗洛伊德认为，通常我们将自己的缺点和问题——自己不愿意承认的这部分——投射给了他人。换句话说：同类互知，彼此彼此。

古罗马诗人泰伦提乌斯有句名言能进一步巩固我们的理解：人所固有，我皆具有。这句话如今还在被广泛地引用。在一定条件（不论好坏）驱使下，我们有可能做出任何事。

另请参阅《自觉刻薄》《嗔念》《狭隘的视角》

缺乏自信

老一辈人说他们那时候只有一本育儿书，这让现代父母们大吃一惊。如今专业的育儿指南多到不能尽数。有些人称，这是我们的信心出现了危机，我们不再相信自己的本能，而认为专家更有见地。但有谁比我们更了解自己的子女呢？有谁比我们更了解自己呢？所有家庭的育儿模式难道有统一的标准？

有趣的是，我们父母一代阅读的育儿圣经的作者——斯波克医生——在书的开篇就写道："我必须强调，最关键的一点是，不要僵化死板地遵循书中的内容，每个孩子都是独特的，每个父母都是不同的……记住，你比我更了解你孩子的性格和方式。"这本书的第一章就叫作《相信你自己》，副标题是《你所知道的比你想象得多》。

他所说的让我想起佛陀。佛陀说，要相信自己的智慧，不要成为教条、上师、共识的奴隶。佛陀说："相信自己，循着智慧找到善行与福祉。"灵性的修行，尤其是冥想，让我们更接近自己内在的智慧。

另请参阅《轻信》

缺乏动力

我最近参加了一个短期的心理学课程，让我特别兴奋的是，有些思想家的理念与佛法不谋而合，其中之一便是亚伯拉罕·马斯洛。他谈到了驱动力的问题。他认为人分为两种。第一种人努力追求，满足自身“缺乏的”需要：他们关注金钱、安全感和社会归属感，安于平凡，追求稳妥。第二种人，人数较少，他们将自己的目标定位在“成长”需求上，富有深意、知识性和理解力。他们选择非凡的人生，成就自我实现——挖掘自身的潜力。这种自我实现能够克服自我关注，为世界做出卓越贡献。他们有的许多特质，是每一个佛教徒也都渴望拥有的。其中之一便是“有效觉知”：以事物本来的面貌视之，不会因自私的需要扭曲事实。另一个便是热衷于享受“巅峰体验”或是自然亢奋。这样的兴奋只持续几分钟，却有助于人们在随后的日子里拥有更加积极乐观的世界观。

养儿育女的动机是很值得我们反思一下的事情，还有我们日常事务的动机也是一样。是追求安全感，还是为了生存，或是舒缓压力？或者以马斯洛的术语来说——追求个人成长和自我超越。千万不要忘记了“有效觉知”和“巅峰体验”的益处。

另请参阅《忘了修行》《三心二意的修行》

狭隘的视角

作为家长联谊会的成员，我很容易以过分简化的方式看待其他父母。佛法将此问题归咎于我们二元性的思考方式。我们看待他人的态度是非黑即白式的，二者必居其一。父母“要么在工作，要么在家”；“要么选公立学校，要么上私立学校”；“要么是和儿子，要么是和女儿”；“非友即敌”；“不是酒鬼就是戒酒主义者”；“不是一次有价值的接触就是浪费时间”；“不是蓝领就是白领”；“不是本地人就是外地人”；“笃信宗教或是无信仰”。

二元性的思考让我们堕入极端，而看不到“另一端”，但这是一种错误的觉知。遗传学家研究表明，人和人之间99.9%的DNA都是一样的。在佛法中，亦是如此，所谓分别只存在于我们的内心。世人皆有两样共性：众生皆受苦，又贪图欢愉。为人父母的，又添上了第三样共性，我们都希望子女快乐，免于苦难。想要更清楚地理解他人，就需要秉持开放的心胸，看到细微、微妙、复杂之处，注意灰色的地带——我们只有自觉地敞开心灵和头脑才能做到。

另请参阅《评头论足》

活在梦中

有一些孩子就像是梦想家。我们也许会注意到，他们常常望着远方发呆，没有专心做手上的事儿。梦想家们往往有着丰富、宝贵的想象力，但我们还是担心他们荒废了学业。然而从某种程度上来看，我们都错过了做梦的状态——着迷地相信充斥在脑中的汹涌思绪，好像它们都是真实的。

活在梦中的风险就是可能永远无法醒来，或是我们永远无法看到真相——也无法用语言表达真相。我们只能说，这与此时此地的情境有关，不在远方，不在世外，不在别处。

做梦是会上瘾的。如果我们能够做一分钟的呼吸冥想——或是试着和孩子们享受一段天伦之乐——我们会发现，在现实与梦境中游移让人着迷。

做梦也是一种束缚。我们对己、对人、对世界的错误信念和假想成为作茧自缚的牢笼，否定了自己更为宽广的视角。为人父母，秉持宽松、灵活的态度约束子女的思想和观念，能够让孩子们拥有开放性的价值观。我们可以让他们认识到质疑自己的臆想和信念是多么有价值的事情。

另请参阅《无意识》

脑叶切除术

佛教导师的名言中，有一句是我的最爱之一，那是禅师巴里·马吉德发表于佛学杂志《三轮》的一段话:“许多时候，所谓的冥想与灵修成为我们强迫性地自我批评和自我完善行为的一部分。我遇到很多学生都企图用冥想给自己施行一次精神上的脑叶切除术——想要一劳永逸地切除自身的愤怒、恐惧和性欲。”巴里·马吉德看到了佛法修行中的一个悖论：转变自我最有效的方式就是“对自己置之不理”。

想要强迫自己做一个更好的人，或是觉得这都不是自己了，这种时候大部分人的心中都会爆发天人交战。冥想或灵修要培养我们的忍耐力，包容自身出现的痛苦与混乱，这样我们才能更了解它们。觉知，而不是压抑，能让我们克服妄念。所以，如果此时你不喜欢孩子们在身边，只是意识到这种情绪就行了。如果孩子们让你生气，以致失去理智，就接受这是生活的一部分，如浮云掠过。我们不要执着于在未来的愿景中勾勒出一个改过自新的自我，而应当专注当下，观察、接受现在的我。在一部卡通中，一位僧侣照着镜子说:“每一天在各个方面，我越来越少执着于自我完善。”

另请参阅《对自己的期待》《内疚》（两篇）

孤　独

为人父母后，我们社交生活的本质戏剧性地改变了。通常家会变得更像一座孤岛。招待其他家庭或是组织社交活动是费劲的事情。现代社会纷繁忙碌，让人远离了社会互动关系——尤其是在冬季。我们都无可避免地陷入孤独期，大部分新生儿的母亲在某些时候都会因为感到孤立隔绝而难过。

有趣的是，上师们从来不会感觉孤独，因为他们能和所有人建立联系，而不是只有身边的人。

另请参阅《分离》《个人主义》
《孤岛》《缺爱》

缺　爱

爱是人类福祉的基石，感觉自己不为人所爱是一种痛苦。幸运的是，子女无条件地给予我们爱与宽仁——至少在他们的童年是如此。但我们仍旧感觉自己爱的账户余额不足。有趣的是，如果我们能够坚定地爱自己，就能够更纯粹地爱子女——还有其他人。在我们的成长过程中，面对的最大侮辱便是被指责“爱自己”。特别是女性，竭力避免成为一个爱自己的人——我们轻视自己，忽视自己的成就。很少有人以身作则告诉孩子何为自爱，也很少有人实践自爱。

过分依赖他人的爱来满足自身的需要，阻碍了我们自己付出爱的能力，因为我们接近他人更多的是基于需要，而不是施予。思考一下自己对子女的爱，有多纯粹，有多强大。我认为这可以帮助我们确保对自己的爱也有相同的本质：慈悲、宽恕、无条件。佛曰：寻遍全世界你也无法找到一个人比你自己更值得爱。

另请参阅《孤独》

自 卑

你有没有注意到，消费文化极力让我们对自己感到不满？如果我们都能够无条件地充分接纳自己，那么还会有谁去买自我提升、自我改善的产品呢？就像女性杂志不断鼓吹我们都需要改进。她们给出的建议永无止境，教我们怎样变得更美丽动人，怎样取悦他人，怎样整合破碎的人格，等等。还有充斥我们周遭的广告和无数的励志自助书籍也是如此。事业有成的家长、成绩优秀的孩子，他们的挫折感不过是因为精疲力竭，因为没时间尽自己所能做到最好，哪怕是一件任务。

另一方面，禅宗和密宗努力让人们认识到，世人皆有佛性。我们已然圆满，就在当下。这是我们真实的本性。的确，受制于妄念，我们佛性的本质在很多方面都被阻塞，但如果努力看得真切，我们就能学着更接近自身本质，那我们便皆可圆满成佛。

禅师们认为，在任何时候都全然感受当下，便是悟道。脱离苦海——乘诫——我们也可以做到。放下自我提升的追求，同样也不消灭自己不喜欢的部分。不论以何种方式，这个世界以及这些无谓的许诺都无法完善自我。我们只有转而向内探索真正的自我。

另请参阅《羞怯》

婚姻紧张

没有什么比紧张的婚姻关系更能破坏人的精神健康了。家有新生儿或是蹒跚学步的幼儿都是对婚姻最严峻的考验。分配一大堆家务活，没法儿睡个好觉，不断地自我牺牲——能在所有这些挑战下存活的夫妇都是奇迹。这是我的个人经验，但也合情合理。随着子女进入学校，渐渐独立，这种压力会得到很大程度缓解，但感情关系的品质确实是夫妻二人一生都需要重点关注的问题。

幸福婚姻有一条重要的预测准则，那就是夫妻双方是否能够支持对方的梦想，这是许多“婚姻专家”的忠告，我着迷于此多年。在佛法中，我们称之为“喜无量心”——悦他人之乐的能力。事实上，如果不能悦爱人之乐，我们就不能说自己真的爱着对方。爱，在佛教中，是喜无量心（欢喜时）、悲无量心（受苦时）、慈无量心（时时记）、舍无量心（不着不依，没有自私自利的贪念）的平衡状态。审视一下自己对伴侣的爱，对身边其他人的爱，这四无量心是否乏力，这是很值得自省的事。

误　解

如今，求助热线几乎无所不能——可以涉及赌博、酗酒、养儿育女等其他各种各样的问题。成为这些志愿者也不需要杰出的资质，只要经过短期的培训——有时候就是一个周末的课程，再加上一本指导手册。这样的志愿者明显不是专家，他们又能给予我们怎样的帮助呢？我也曾经培训过一些志愿者，我知道志愿者们贡献的是他们的耳朵，他们在倾听。当然，他们也可以建议来电者求助有资质的专家，但他们最主要的目的还是聆听，富于同理心，不带评判地聆听。

我工作过的热线中，志愿者们并不解决问题或是给出意见，因为他们并没有受训做这些事情。来电者——和所有人一样——只是需要被倾听，被理解。他们需要说出自己的感受并得到承认。倾听需要谦逊。自我意识会极力地占据控制、指挥的角色，指点江山，滔滔不绝。为他人出谋划策可能是出于慈悲心，真诚地想要给予帮助，也可能出于骄傲或是优越感。诚恳地聆听——让人倾诉衷肠，审视问题，帮助他们找到自己的答案——这是一种布施。这是一份极好的礼物，赠予子女，赠予其他人。有时候，要记得提醒爱人也送给我们一份这样的礼物。

单　调

你的心中多久会泛起一次喜悦的涟漪？禅宗认为喜乐之心不是我们苦苦追寻的目标，而是我们本来的状态。那为何我们并不能时常感受到欢喜呢？

禅师夏洛特·约克·贝克也是一位母亲，她解释道："喜悦就是纯粹之世事，不掺杂我们的心念。"对所遇之事评头论足，让我们缺乏纯净的觉知力，缺乏对平凡的敬畏心。我们不断地评估，"这对我意味着什么？""这会带给我怎样的影响？""会不会给我添麻烦？"我们不假思索地就相信了自己的答案，好像这是毋庸置疑的事实。那么多"我"摆在中间，我们怎能看得真切？我们如此深陷于评判的惯性之中，完全忘记了喜悦的可能。

即使是沉浸在自己的嗜好之中，我们也掠夺了自己的快乐，我们需要意识到这些破坏元素：或许我们会拿自我评价来折磨自己，与人攀比，坚持完美，担忧是否还需要做些什么。有一个朋友在她浴室的镜子上写了一行文字——敢于快乐。她发现这个提醒方式很有用，快乐就在那里，只要我们转换意识，从评判的惯性中走出来，拾回纯净的觉知力。

另请参阅《苦差》

喜怒无常

没人愿意说自己喜怒无常，可是剔除了这些转瞬即逝的情绪，那还是人吗？情绪就是我们内心的天气，频繁变幻实属正常。当然，不是所有的情绪都让人愉快，安然从容。自觉到暴躁、乖戾、阴沉或其他糟糕的情绪时，无须自认渺小。修行佛法并不是要在突然之间就永远定格在淡定喜乐的状态。不会那样美好的。然而，我们还是可以有所作为，巧妙地处理自己的情绪，不生恶业，不伤他人。

陷入糟糕情绪的部分原因是我们认为自己面对的现实境遇恒定不变（讨厌的伴侣、总是乱糟糟的家、压力巨大的工作）。我们可不希望明天——或是下一分钟——烦恼之源又给我们一击。这时候提醒自己“世事无常”不失为一种宽慰内心的方式，因为这会赋予我们一种意识：这也是会过去的。坏情绪的另一部分原因是我们心中充斥着负面的思考。如果觉察到这股思绪，不要深陷其中，我们也就能以某种方式拨开乌云。试试看吧。

另请参阅《糟糕的心情》

多重任务

佛祖劝导众生：“看的时候，看就好了。听的时候，听就好了。闻的时候，闻就好了。尝的时候，尝就好了。起心动念时，观照心念就好了。凡事止步于此，观照自觉而生。”这是不是说佛祖喜好多重任务并行？恐怕不是。

当然，会有这样的情况，时间紧张，多重任务并行也是合理的：有时候我们需要一边喂婴儿，一边搅拌锅里的食物，还要指挥大一点的孩子。同时处理好几件事自然会更难保持正念，因为人的大脑不能同时思考两件事。这让我想起曾有位朋友向我夸口说：“我能一边写报告，一边交谈。”我不信她的话。尽可能经常放慢脚步，全神贯注地做一件事——细嚼慢咽地享受一顿饭，不开收音机专心开车，或是坐下来认真聆听孩子讲故事——可以大幅缓解我们的压力，帮助我们在这一刻全然投入生活。

另请参阅《忙碌》

消极性

受到许多赞誉和一句辱骂，我们的焦点会放在哪里？路遇五个绿灯，未感庆幸，而一个红灯就让我们懊丧。我们絮絮叨叨向伴侣细数一天中遭遇的麻烦，却一点也不提那些小小的幸运。我们纠结于过往的懊悔与失望之中，却轻易就忘记或淡化了喜乐与成就。

我们与消极性“投缘”，与积极性“绝缘”。许多人的世界观养成了一种“偏爱消极性”的习惯。

你可能听说过马修·李卡德。他是一位法裔僧侣，放弃了生物学家的光辉事业投身佛学。现在他被神经学家和媒体称作“世界上最快乐的人”。他极力主张每一个人摒弃消极元素，成为乐天主义者。针对我们对消极性的偏爱，他给出了一条提示：“要认识到每一寸光阴都是瑰宝，快乐的时光如此，逆境灾祸时亦是如此，这才是根本的乐天之道。”每一秒都如此珍贵，因为世人皆不可避免死亡。想到这一事实，就渐渐理解了生命中每分每秒对我们的价值。世事皆遵循无常之法则，永远不会有下一刻与此刻相同——这一刻是独一无二、弥足珍贵的。

另请参阅《糟糕的心情》《抱怨》
《忽视成就》《延迟快乐》

痴 迷

修行观照自己心念的人会明白，心念有多么执迷。失眠者也会抱怨相同的思绪循环往复。有些人困守在忧虑之中，有些人只惦记要做的事情，另一些人则痴迷于欲望：成为有魅力的人，拥有财富与物质。这些皆为爱执——佛教认为这都是痛苦与压力的来源。

看不透，才让我们生出贪婪与执着。佛陀认为世人的误解有三种方式。第一，我们夸大了所欲求之目标的吸引力，忽视了目标固有的不足与无常性。佛陀有一个精妙的例子，他指出，我们所见的魅力人士并不是真实的：少了那些汗水、脓水、黏痰、唾沫、耳屎，等等。第二，我们无视了所痴迷的目标也有无常性——它会破灭，会改变，会失去出色的特性。第三，我们忽略了所求目标的条件性和依赖性。我们倾向于孤立地看待目标，将其与自身存在的条件分离开来看，然而凡事都是多种原因和条件共同作用的结果。例如，我们痴迷于一个目标，更像是痴迷于此目标由我们的心念折射出的虚像，而不是客观目标的实像。

过分重视父母教养

有一个精疲力竭的晚上，我与老同事们聚餐，大倒苦水，抱怨教养儿子们有多艰难。一位男士回应我："你的态度是否前后一致？"另一位女士问道："你是否界限明确？"他们是想帮助我（事实上没有），然而却表明了一种普遍的假定：孩子行为不端，都是父母的错——多数是母亲的错。现代父母不可避免地受此态度影响，觉得自己要对子女的一切过错承担责任。数十年来，关于天性（孩子的基因遗传）和养育（父母及家庭环境）两方面在孩子人格上的影响力之争甚嚣尘上，而最后天性胜出。研究指出，同卵双胞胎，基因相同，分开抚养，在不同的环境中长大，成年后仍会有明显相似的行为特征、兴趣爱好和人格性情。对领养儿童的研究同样发现，孩子长大后在一些重要方面会更像亲生父母，而不是养父母，比如智力——这一点，科学家认为基因遗传有50%～70%的影响力。关键是父母养育和家庭环境的确是重要因素，但如果孩子行为不当或让人失望，也不能全怪父母。正如佛祖教诲，凡事都由许许多多的原因和条件促成。

另请参阅《对自己的期待》《内疚》（两篇）

忽视成就

世人皆有所成。我们最终实现了里程碑式的目标，却不许自己感到满足，而是径直奔向下一个目标。我们忘了庆祝，或是留出片刻享受这份成就。“偏爱消极性”让我们多年来沉沦于失败、懊悔和苛责的泥沼。我谈的可不是像取得学位、获得晋升或是子女得奖这种大成就。我们同样需要为小小的成绩感到满足，像是克服一项坏毛病。佛陀的四圣谛之三——灭谛曰：“可以出离业苦。”完整的说法是：“可以出离业苦，并自知出离。”换言之，当你成功脱离了苦难之源时，要能够意识到这一点。从境遇的制约中解脱时要保持充分的觉知。于是，任何时候，你都要化责备为慈悲，化贪婪为布施，化焦虑为淡定，收聚心乱于当下——就觉知这一切。感受这种自由。全然接受，这一切还会发生。

另请参阅《消极性》

看不见的礼物

我们对子女的爱强烈而无私，但同时我们又厌恶养儿育女让生活一日又一日地重复：比如早晚的例行规律。其实抚养儿女与灵修之路有许多相似之处。

两者都需要关注当下的需求。另外，孩子们让我们觉悟到一些灵性的真理：人生绝不完美，世事无常，当下才是一切，我也在时时变化之中，我的孩子们也是，他们不再是我心中的模样。

两者都需要我们保持自觉，清楚地认识到自己行为的影响。两者都需要承认神秘性、不确定性、未知性以及不可控性。

如果我们仔细留意，就会注意到子女也会带给我们提升。我们甚至可以把子女视作一位灵性的导师，开设一段为期二十年的严格静修。抚养子女也是修行之路的一部分，它并不独立于我们的人生之外。其实，人生处处皆是佛修。生活就是我们最好的老师。专心留意，得空反省。

另请参阅《分隔修行》

过度保护

最近在报纸的头版头条，我读到了一则让我十分惊讶的新闻——《乘坐直升机，父母不慎让儿童从机上坠落》。后面跟着一篇文章，主题却是关于父母过度担忧，拒绝让子女在错误中学习，成长为独立、适应性强的成年人。我吃惊是因为过去十年来我读到过许多文章和书籍都说了一模一样的问题。这篇文章主要谈到父母不允许子女做一些会伤到他们幼小脆弱自尊心的事情，而另一些我读过的文章谈到父母不许孩子们受到哪怕一丁点的痛苦和失望。（必须承认，有时候我在想是不是媒体往往会夸大问题，现代父母只是比父辈们更多地关注和参与子女的生活……）

父母们的过度保护是企图否定佛陀四圣谛之一的苦谛——生而有苦，须觉悟。压力、痛苦和失望都是生命的一部分，孩子们需要经历如此种种才能成熟。对痛苦的觉悟并不源自聪明才智，而是来自第一手直接的经验。所以，不妨有时不去接送，让孩子们自己走回家，即使下着雨；让他们做些杂务；孩子挨老师一两次训诫，也别去找老师理论；偶尔，让孩子们经历糟糕的一天。

另请参阅《保护子女》

过度刺激

在这个科技时代，我们不断被手机、电子邮件、网络、iPod及其他嘀嘀作响的玩意儿打扰，很容易疏远自己的内心。从不孤独，永远联通，我们拒绝了孤独所赋予的滋养。佛陀敦促我们在孤寂中培育喜乐之花。独处的宁静时光让我们重新认识自己的本心，听到自己内心的声音和觉知。

独处的静谧之中，我们会沉思最紧迫的问题：什么才是最重要的问题？我该如何着手处理这一问题？事情的发展让我满意吗？佛陀强调，生活就是我们最好的老师，但如果我们从不停下脚步反省自身或是反思这忙碌的一天，我们则错过了学习与成长的机会。

冥想是一个很不错的独处机会。独自在大自然中漫步，持正念独自慢慢享受一顿晚餐亦皆是良机。现代父母还需要规划出时间陪陪子女，远离电子产品。最好能进行一些富于想象力和智慧，并且能锻炼到身体的活动。

另请参阅《科技泛滥》

妄　念

“我才不是妄想狂，真的是每个人都在与我作对。”——恐怕有些人常会这样想。

佛法以虚舟类比，帮助我们看清妄念。想象一下，某个清晨，迷雾蒙蒙，你乘着一架新漆的小船泛舟湖上。忽然之间，另一艘小船浮现于晨雾之中，径直撞向了你的船。你很震惊，也很生气，这可是你新漆的船。你冲着那艘船上的笨蛋一顿咆哮责骂，直到……你发现这艘船上其实空无一人。你的愤怒瞬间瓦解，因为愤怒的目标没有了。同样，那些攻击我们的人也实为虚舟。他们只是依据习惯和情势对我们做出反应，这并不是他们的本性。他们并不是我们生气时所责骂的“笨蛋”“自私鬼”或者“下作胚子”。没有人本质上会一贯如此不堪。

惹你生气的陌生人不过是基于自己的情况做出了反应而已：一天紧张的工作，后背的疼痛，怒气冲冲的表达方式——或许他过去有着悲惨的经历。每个人行为背后的缘由和情况都纷繁复杂，难以细数，绝不是几个字就能概括。我们无须认为这股子邪火是针对自己的，攻击者和我们一样，在本质上都是永恒不变的“空”。

另请参阅《路怒症》

完美主义

我从没在电视上看过比赛，但是当听说安德鲁·阿加西讨厌网球时，我很想找出原因。他在公开发表的自传中陈述了几点原因，其中之一便是他自己的完美主义。他的教练布拉德曾向阿加西指出，有一个问题会导致他的职业生涯过早结束："你总是力求完美，又总是功亏一篑……你的自信消耗殆尽便是因为这完美主义。你每个球都想赢，但基本上，状态保持稳定，能够赢得90%的比赛已经足够……当你力求完美时，当你追求尽善尽美的最终目标时，你知道自己在干什么吗？你在追求一个不存在的目标。"

所有心理学家都会告诉你，完美主义者特别容易抑郁。完美主义者需要培养无条件的爱，并接受自己。有一个好方法便是在冥想时诵念佛偈"愿我安乐，解脱苦难"。完美主义者还要安抚好自己内心的批评家（读霸，监工），"他"或许会给出有用的意见，但通常言辞刻薄，吹毛求疵。我们不可能成为完美的父母，我们的子女也没有做此要求。与真实的人一起生活对孩子们有益。尽力而为——我们都不是机器人。

另请参阅《对自己的期待》《极端主义》

忽视身体

呵护身体、锻炼身体，这些话题说起来似乎与灵修无关。身体的保养感觉上与我们的思考是分开的领域，是生活中的另一个部分。然而佛陀顿悟之后，首次开释时便提到：“保持身体的健康是一项责任，否则我们也无法保持心灵的坚韧与清晰。”他指出，我们需要行中道，既不要自我放纵，也不要极端苦行。

灵修之路中，我们不能将身体置之不理。如果我们没有审视身体的感受，就可能忽视饮食健康，缺乏身体的锻炼和休息。此外，当我们的身体感到鼓舞，得到了积极的锻炼和健康的食物，心灵的修行也更容易，我们也更能拥有一个慷慨、包容、淡定且开放的心灵。相反，如果我们饮食不善，错失锻炼机会，我们就会变得焦躁、愤怒和不满。佛陀希望我们审视自己行为背后的原因和情势——谁又能否认我们身体感受的巨大影响力呢？身体的锻炼会以某种方式帮助我们注意到自己的问题。它一定会带给我们观念上的转变，并且通常会是一个积极的转变（除非锻炼过度）。

另请参阅《节食》

身体疼痛

一旦感受到身体的痛楚，我们会很快将它转变为心理上的痛。用释迦牟尼佛的话说："这就好像是一个人中了一箭，然后又中了一箭，此人感受到双箭之痛苦。"我们听凭疼痛——或者甚至是一定程度的身体紧张——一下就转变成心理上的疼痛和紧张。我们躲不过第一箭，但是我们可以躲过第二箭。留心静观，我们可以观察到自己的心念之中身体的痛转化成心理的痛，分别成为"愤怒""恐惧"或是"悲伤"。我们或许还会注意到身体的疼痛引起的整个心念波动：我怎么总是这么倒霉呢？我做了什么事儿要遭此痛楚？我总是把自己照顾得很好，而约翰从不照顾自己，还不生病……

佛法修行面对痛苦之法便是与身体的感觉共存，如果心里感到痛苦，无须压抑，只是观察或是记下这种感觉。这种反应让我们不太愿意面对这种心理的痛楚。我们的意识在某种程度上会化解痛苦。冥想的时候，静坐并关照不适，可以帮我们培养这种技巧。正如佛法导师西尔维亚·布尔斯坦所说："疼痛不可避免，痛苦却可以选择。"

另请参阅《疾病》《反应性》

占有欲

现代文化的发展让我们对自己所拥有的一切异常痴迷。我们认为，拥有越多就越能给人留下深刻印象，尤其是现今很多青少年一定要以某个运动品牌彰显自己、表明自己的立场。最让我们难过的就是所有物丢失或被破坏。佛教认为，我们以自己的所有物构建了一个错误的自我认知，所以在所有物丢失时，我们十分痛苦，因为我们丢失了一部分自我。佛法认为，世人之苦源自我们心中“自我，我所有”的执念，源自我们将所有物视作自我的殖民地或是前哨。佛陀建议我们面对每一个对象、每一个现象、每一种体验时，都谨记一句话：非我所有，非我之我。借助此方法避免让自己陷入惯性，以身外物定义自我。

而且，在这个无常的世界里，我们并不能真正地拥有什么，拥有不过是一场浮云。同样，我们需要谨记，子女并非我们的所有物，或者用大诗人纪伯伦的话说：“你们是弓，你们的孩子是从弦上发出的生命的箭矢。”

另请参阅《遇劫》

延迟快乐

我称之为“只要……我就会快乐”综合征：只要屋子打扫干净，我就会快乐；只要做完工作，我就会快乐；我的伴侣要是能改变这种行为，我就会快乐。如果快乐总是在下一个转角，我们便永远无法感受当下的快乐——也就是说我们永远无法感受快乐。有一些人能够在功成名就时举杯欢庆，却吝于在通向成功的崎岖道路上给予自己一点快乐。我们将生活分为愉快的任务（私人时间）和不快的差事（使命、事务和一般的苦差），同时抱怨着绝大部分事务都让人不快。

为何不能简单选择享受更多的快乐时光，在日常生活中发掘更多快乐呢？没有人规定去邮局银行办事一定是让人皱眉的苦差事。我们无须厌恶家事。开车时，我们也可以放松片刻。记得要微笑，我发现微笑可以提醒我们在生活中享受快乐的可能，如果我们留意便会注意到释迦牟尼佛本尊的雕像都带有淡定的微笑。这是一个很简单的小测试：在你微笑时，是否感到些许的快乐呢？这一招反正对我很有效。

另请参阅《消极性》

拖延症

还记得那些为考试临时抱佛脚，或者在工作项目挨到最后一刻时，废寝忘食地要赶上截止日期的日子吗？

我是没有这样的经历。

这本书中所述的其他136种问题，确实都是我的经验之谈，而拖延症我却从未有过。我害怕承受紧张压力，所以会在截止日期之前交付工作。别急着恨我，我要坦白，处理家务时——漏水、修理、整体翻修等工作——我却迟迟不愿打电话。（这让我先生很抓狂！）在与建筑商讨论修缮问题时，我觉得力不从心，随时可能被坑了。于是，我明白了引起拖延症的问题之一便是未能洞察清晰。拖延症者夸大了任务会带来的麻烦、不快。他们过高地估计了任务的时间，却又低估了自己完成任务的能力。在他们的想象中，此任务只会带来负面的情绪。他们只关注到了失败的可能性，或是担心所做之事不够完美。孩子们对即将要做的事情踌躇不前时，我母亲总是说："就开始做吧，一旦你开始做了，就会发现事情并不像你想的那么糟糕。"她通常都说准了。拖延症的症结是在你可以利用当下之时却预设了一个令人不快的未来。

保护子女

现代父母在养儿育女时总是有许多的担忧，主要是怕孩子们吸毒、酗酒、性滥交，或是因为同龄人的压力而做出鲁莽之举！防患于未然的最佳方案莫过于与子女保持良好的沟通。让孩子们认为父母是可以亲近的知己，值得他们信赖，在谈到沉重话题时，不会歇斯底里、大惊小怪或专横压制。我们或许甚至需要假装冷静、掩饰焦虑、保持克制来维系坦诚的交流。

2007年，澳大利亚政府给每个家庭印发了一本名为《与子女谈谈毒品》的册子，强调了父母的预防作用。我引用其中一段："预防青少年涉毒的最有效方法便是父母的陪伴。和子女们聊聊他们的朋友，他们在学校的生活，他们参与的运动，他们的兴趣。"

换言之，就是陪伴子女，给予关注。当然，即使是一百分父母，没有任何过错，他们的子女也可能沾染毒品，但我们只能尽力而为。在孩子们面对的社会问题上，了解情况才能给予子女保护，才能辨清各种不实之言，才能发现事情的真相。

另请参阅《过度保护》

自贬身价

这一篇是写给母亲的。尽管在当代社会人们已经给予女性前所未有的尊重，但当我们在社会上谈到自己时，还是不免妄自菲薄一番。自谦的幽默是一种魅力，但女人们或许是做过了头。她们谈及自己时，习惯性地认为自己马虎杂乱、笨手笨脚、能力不足、脱序失控。许多女性低估了自己的贡献、成就和重要性。谦逊是美德，但我们须行中道，在妄自菲薄和自吹自擂之间找到平衡。这是不是年轻时留下的阴影呢？身边有一群不靠谱的朋友，所以我们避免出头？我们这样做是不是为了避免遭人非议？女儿尤其需要母亲做出一个自信、自爱的榜样，让她们知道可以如此行事，也让她们看到社会的认可。下一次，如果我们又妄自菲薄，不妨问自己一个简单的问题：如果这样评价另一个人，我会不会感觉不妥，或者认为这样太过苛刻？

反应性

我们的生活充满了各种反应性行为，不假思索地对自己的每一次冲动做出反应。心情不好，就化悲痛为食欲；感到无聊，就对着电视切换节目或是去逛街采购；对子女生气，就加以责骂；感到压力，就更努力工作。问题是，如此冲动的生活中，在任何时候，我们都无法审视自己的选择。每一个思绪、每一个冲动，都成为我们的主人，而我们则沦为奴隶。我们变得无力去选择该如何反应，只是靠惯性行事。最糟糕的情况是，我们变成了机器人，浑浑噩噩，虚度余生。

冥想给了我们一个机会去审视自身的冲动性。冥想引导词通常会提醒我们静坐，不要对身体的疼痛、瘙痒做出任何反应。只是坐在那里，与疼痛、瘙痒的感觉共存。我们坐在那里，想要挪一挪痛脚、挠一挠痒处，我们观察着心念的反应。我们注意到了心念对于身体疼痛的反应趋势。我们注意到自己倾向于小题大做（这会越来越痛的！），生出愤怒，自艾自怜。我们同样要明白，这些疼痛和瘙痒都是暂时的，它们由许多种不同的感觉组合而成。然而如今许多佛教导师都劝诫我们不要去忍受极端的痛苦，因为这是对自己的不仁慈，甚至可能与内在的“自我”建立一种不健康的专制关系。

另请参阅《身体疼痛》

被拒绝

被拒绝的痛苦可以折磨我们许多年。爱人弃我们而去，朋友断了联络，不被团体接纳，或是一系列面试之后却不被老板录用——这些伤口都需要渐渐抚平。这种时候，自我意识最为强烈。我们夸张了“自我”的意识，这是一种孤立无援的深刻痛苦。但佛陀教导我们，自我意识——永恒不朽、始终如一——是我们的痛苦之源。

这并不是说我们不存在。佛教不是虚无主义。只是在任何事中，我们都并不是以我们所想的方式存在。所谓的自我形象不过是一座监狱：它束缚了我们的手脚，让我们无法追求自我潜能的满足。以被拒绝的经验定义自己，会带来无法承受的痛苦。这样做就是让别人评鉴我们的价值。他人的评价远不如真实的自我那样丰富。通常，找到自己的定位和归宿也并非难事。许多人回首往事，想起被拒绝的经历时，都能轻松面对，在事后明白，原来有更美好的果实在等待我们采撷。

看到自己的子女被拒绝，尤其让人难过。这在一定程度上是因为我们试图保护孩子，保护他们的自尊心。

另请参阅《寻求认可》
《让人失望的朋友》《担忧》《失业》

抵　抗

斯科特·派克所著的《少有人走的路》常被称作励志书籍销量冠军，书中开篇写道："人生苦难重重。这是个伟大的真理，是世界上最伟大的真理之一。*它的伟大，在于我们一旦想通了它，就能超越人生的苦难。"星号标志的意思是，他在此处备注，这句话引自佛陀四圣谛之一的苦谛。如果我们能够预计并接纳困难、麻烦、缺陷和人生中所有的无情苦难，那么我们就会归于平静。

家里翻修让我认识到了这一真理。修缮工作很可能出了问题，要比计划中花费更多时间和金钱。有时候，事情并不如你所愿——完工之后有些东西歪歪斜斜。如果你能够接受这些"惊喜"，想象一下，你的精神状态会是怎样。在生活中也是一样：电脑中毒了，马桶堵塞了，办公室政治等各种令人失望的事。

极端的佛教徒可能会将所有苦难视为修行的机会。我们其他人可以学着避免因为极端糟糕的状况而让情绪跌进谷底，也就是说，我们要逐步学会接受。富于远见会有所帮助：大部分烦心事，我们很快就会忘掉。同样，优先关注精神生活会鼓励我们走出为琐事烦忧的纷扰。

僵　化

人们往往对神秘未知、不能确定的事情感到非常不安。

纵观人类历史，正如我们生活中的那样，我们只会为了得到一个答案或创建一个理论而欢欣鼓舞，而不会为了接受种种神秘而感到快乐。我们直接跳到了结论，相信自己能够读懂人心，相信内心冒出的杂乱思绪——而不愿承认自己不知道。

作为父母，我们强迫自己无所不知，强迫自己不论在何时何地都言行得当，强迫自己立刻就能解决子女的问题。然而，佛法所要修行的正是敞开胸怀，接纳周遭的神秘，承认自己的无知。借此，我们变得更开放、更好奇、更充实、更有活力。我们不会拿说教训诫、陈词滥调惹孩子们厌烦。我们会更多地去倾听，更专心致志地去聆听，孩子们会觉得自己被倾听、被理解。佛陀告诫我们要警惕僵化，或者说是警惕我们对自己观念的“执着”：“‘这是对的，其余都是错的’，得出这种结论并非智者之举。”固执己见，以己见强化自我认知，此举无疑是为自己构建了一座牢笼。唯一的出口便是向神秘妥协，去拥抱未知。

另请参阅《难缠的人》

路怒症

父母们每周都要花上许多时间在路上，往返通勤上班，给子女当司机，或是偷得浮生半日闲驾车出去放松一下。若遇到有路怒症的驾驶者，很少有人能够忍得了。这些司机通常因为一点儿小事满嘴咒骂、不停咆哮，做出粗鲁的手势。我们的反应往往掺杂着震惊和愤怒。我们立刻就想到了报复——言语回敬或是鸣笛抗议——但重新考虑后多半决定不付诸行动，他们可能是危险分子。之后我们会和家人朋友就事论事地分享这段小插曲，接着就将其抛诸脑后。最重要的是，我们希望这些暴躁的人能够受到应有的教训。

修行佛法之后，再遇到这样的事，我就会提醒自己，这些暴躁的人一定是经历了巨大的情感创伤才会有此行径。不良行为并非从天而降，这是过往的业果，这也是未来的业因——都是前途黯淡。认识到这些暴躁者的人生苦难，有助于我们保持克制冷静。一点就着的火暴性子也有碍于我们自身的业力。如果做到这一点很困难，就把他当成个孩子吧。当然，我们在驾车时也需要对自己的行为负责——还有我们的言语——尤其是孩子们也会在后座听到这些话时。

另请参阅《妄念》

学校假期

按照学校放假时你周末在家通常所扮演的角色，勾选下列选项：

- ☐ 出租车司机
- ☐ 社交秘书
- ☐ 康乐组长
- ☐ 活动经理
- ☐ 乐趣规划师

我们或许能给子女找一个现代科技的“保姆”，让自己能够暂时从这些角色中解脱。为了避免听到“我厌烦了”这句让人内疚的话，父母们把自己逼得精疲力竭。在我们的内心深处，或许还依稀记得童年时，生活中俯首即是闲暇散漫的时光，没有组织，没有计划，也没有不断出现的新鲜刺激。也许在我们残存的童年记忆里，童年总有些时候是那么百无聊赖。我们或许也还能记起，正是那些百无聊赖为我们推开窗口，让我们看到了新的游戏、奇思妙想、体育活动或是刺激的冒险。不能容忍无聊和厌倦，我们的子女就会因为没有时间去发掘和追求自己天性的爱好而无法成长为真实的自己。

每次学校放假时，我都会让儿子们定期远离电视，也不给他们做任何安排。有时候，他们会抱怨一会儿，但是他们一定会让我刮目相看，因为他们总是能够发现或创造出有益身心的活动来填满空虚。

另请参阅《家庭假期》《陷入胶着》

探　寻

人生中的大部分时候，我都期望从引人注目的大事件中获得快乐：横财从天而降，在比赛中脱颖而出，获得完美的工作和爱情，备受赏识，出国旅行。日渐成熟之后，我明白了一点，这样的事件对我而言，并不是可靠的快乐之源，更别说所有的快乐都不过是昙花一现。在这些事件到来之时，我常感到些许失落，这让我很是意外。有时候我觉着这也不过就是一股强烈的欲望最终得偿所愿，长吁一口气，落得轻松而已。

对我来说，成长所学到的最宝贵的一课就是我越来越清楚，所谓满足是源自我自身的某些特质，这样我就无须依赖外界环境——外界环境既靠不住又不断变化。快乐就是学会深情凝望孩子们的面庞，学会享受漫步去邮局的片刻，知道何时该按下暂停键，能够在任何时候关注到美。当我能够于细微之处发掘快乐时，我的心便更为淡定满足。滋养自己内在的生命——通过冥想与觉知当下，培养对人对己的慈悲心——要比通过控制外部条件获得快乐更有胜算。

另请参阅《追求自由》

追求自由

禅师阿姜布拉姆满肚子轶事趣闻。我有一次听他说了下面这一则故事。

“五个孩子在一起玩许愿游戏，看谁许的愿最高级，谁就获胜。第一个孩子说：‘我要最新的电玩游戏。’第二个孩子更聪明，他说：‘我要整个电玩游戏商店。’第三个孩子颇有见识：‘我希望能有十亿美金，买下电玩游戏商店和我读的学校。这样，我妈妈如果要我去写功课，我就可以说，学校我买下了，我已经告诉他们不给我留作业了！’第四个孩子还是技高一筹，说：‘我想要三个许愿的机会，这样我就能买下电玩游戏商店，再要十亿美金——和另外三个愿望。’第五个孩子说：‘我希望自己心满意足，便不再需要许愿了。’”

第五个孩子完胜！正如阿姜布拉姆的解释，第四个孩子希望有满足欲望的自由，而第五个孩子的愿望则是从欲望中解脱。我们的社会鼓励满足欲望的自由，却没有赋予我们想要的自由。欲壑难填，哪有可能满足，从欲望中解脱才是真正的自由。要向内心修炼，寻求满足，而不是一味依赖外部条件。

另请参阅《探寻》

自我专注

我们不时会惊讶于自己的某些自我专注，想着“这几小时/几天/几周，我只想着自己，全不关心他人”。为人父母者颇能避免这种内疚：我们关注子女，总是自觉自愿之事。无论什么时候，社区总是需要找一些家长做志愿工作。志愿活动让我们放下对时间的执着：我们必须行之有效地运用时间并服务于我们自己的目标。

当然，父母亲加入志愿者工作可能出于各种各样的动机：缓和内疚，来帮帮忙，子女们需要陪伴，想结交新的朋友。但是，如果我们希望自己做义工能够为自己积下善业，那么我们的行为动机需要有慷慨布施或真诚惠及他人的成分存在。业力通过习惯将我们塑造成了某一类人。每一次的布施行为——或者更重要的是，我们行为背后仁慈慷慨的动机——会培养我们的习惯，让我们逐渐成为更加慈善的人。如果参与义务工作是为了他人的福祉，为了减轻他人的苦难与压力，我们的动机就可确保是良性健康的。比如，我们可以说，如果你真诚地帮助他人，则可得福报。

另请参阅《欺骗性的动机》《铁石心肠》《羞怯》

自我批评

你是否制订过新年计划？或者信誓旦旦地说过："从现在起，我要更加……"我们可能想要更严格地遵守节食计划，做一名更优秀的父母、更友善的人——假装我们完全可以通过"努力"和"决心"就能达到目标。佛法认为，想要自我转变时不要老是盯着自己的不足，想着有多少需要改进之处，而是应该不带评鉴地觉知自己的思想与感受。我们的行为皆事出有因，我们在担起责任之前先要清楚地认识到这些原因。说到底，不搞清楚状况，我们又怎能做出改变呢？

以佛法的方式，我们的问题就不是有一大堆"错误"的想法，而是有未被承认的想法——这些思绪我们没有注意到。更加留意自己头脑中喋喋不休的思绪，练习静观自己的思考。在匆忙的人生中，留意正在冒出的思绪并非易事。我学会了在日常生活中按下暂停键，然后倒带回顾，问问自己，前几分钟，我的脑子里到底在想些什么。这并不是说你需要停下来给自己做一次精神分析。觉知思考已经足以让你了解这些想法在你生活中的地位。

另请参阅《自我怀疑》

自我怀疑

修行佛法让你日益亲近自己内心的声音。相信我，这会让人谦恭。这些年，我有理由对自己说：我不敢相信自己的自恋、执念、偏执、自私、坏脾气，等等。这已经足够让你停止全面观察自己的思绪了。幸运的是，如果你加入佛友社团，你很快就会意识到自己并非特例，每一个人都和你一样被自己心中所想吓到了。

在佛法中，应对自我怀疑的方法是——信不信由你——信仰。人们畏惧"信仰"，大多是因为觉得信仰需要盲目地服从经文、上师或是一些自己不能以己见忖度之事。而佛法认为，信仰是有理有据，从观察自身的体验而来。这是一种信念，相信我们有能力实践所学的佛法，相信佛法能够帮助我们。佛教徒们将信仰描述为"皈依"三宝：佛（相信有可能如同释迦牟尼佛那般顿悟），法（佛陀的教诲），僧（佛法的实践者）。因此，信仰便是在压力重重的人生中寻求三宝的庇佑——这是一处避难所，让人不会被现代生活中的消费主义、完美主义、享乐主义、原教旨主义、酗酒等其他"主义"耗得筋疲力尽。

另请参阅《自我批评》

严　肃

那些大多数父母们教养无力的情况——例如睡眠不足，愤怒管理或是子女间不断的争执——很可能让我们丧失自己的幽默感。其实如果有一位密友陪伴身边，我们很可能会自嘲一下这一场荒唐的闹剧。将与朋友相处时的幽默视角更多地运用到养儿育女之中，岂不是很好？佛经中记载，佛陀妙语连珠，常喜欢巧妙机智地做出应答。活在当下，让我们自然而然更欣赏可笑之事，更爱玩笑取乐。

对子女最美好的祝愿，便是希望他们有此能力。孩子们唤起了我们早已忘记的嬉笑记忆，如挠痒痒、吵吵闹闹、做鬼脸、用搞怪的声音说话、做些荒唐的闹剧。放下自己的执着吧，别再惦念高效的时间管理了，更接近真实的自己吧。与孩子们相处时，我们的行为表现可能与成年人在一起时大相径庭，可以重新找到一部分丢失已久的自我。如果我们允许的话。

羞　愧

你也许并不信奉棍棒底下出孝子，但是你给了孩子一记耳光或者歇斯底里地冲着孩子大叫了一通。你感到彻底失败了，并为自己的行为感到羞愧和厌恶。但你应当振作起来，无须沉溺于此烦恼太久。

在这种时候，我们总是可以按下暂停键，重回当下，关注自己的身体。

注意到紧张，注意到急促的呼吸，注意到我们厌恶自己当下的感受，我们要充分拓宽自己的视野，留一份慈悲给自己。安于当下，即使有种种不满，不要抵抗，不做评判。在这一处安逸之所在，我们允许自己好奇探知所发生之事，接受经验教训。怎样的原因，怎样的情境，让我怒不可遏？疲惫、压力、恐惧，还是旧时的情结？我在执着什么？我是否能够放下执着，脱离苦难之源？

不要恼怒不安，不要试图立刻消灭自己感知到的缺陷；我们的目标是清晰觉知。永远都要宽恕自己，不管你犯了多少次错。

另请参阅《丢脸》

羞　怯

走进一间屋子，里面全部或者有一半都是陌生人，你又不得不参与社交活动。对于我们大部分人来说，没有比这种场面更让人焦虑的了。面对社交聚会，我们的第一个问题往往是“都有谁去呀”。通常我们与会的程序便是：找到有趣或是熟悉的人，避免与陌生人或格格不入的人打交道。我们的程式变成了一种社交习惯，以至于都忘了去质疑。我们陷入不安、痛苦和自我意识之中，忘记了其实在这间屋子里，我们不是唯一一个有此感觉的人。

聚会时人们往往习惯于结成小团体，如果你并不属于某个小团体，那么你只能期望有人足够敏感，能够注意你、接纳你。这样的人是社交场合的珍宝，契合他人的需要，知道如何帮助他人放松下来。这是可以由自信和能量来衡量的。内向到外向类似于光谱，我们每个人处于其中一个点上——尽管这一点也会随情势变化。为了他人的福祉——为了自身的业力——一颗敏感开放的心，是社交场合最好的伴手礼。

另请参阅《自卑》《自我专注》

手足之争

孩子们之间的争执是父母最头疼的事。有一个极简单的解决方式：只生一个孩子。

因为兄弟姐妹之间的争吵是童年不可避免的经历，所以，以此类主题撰写的育儿指南也很难帮到我们。在这一问题上，我曾读到过唯一一条有用的建议就是：父母不要卷入孩子们的争执之中！父母出面裁决、评判、偏袒、添油加醋只会让争吵升级。这个方法在一定程度上有些效果，但在我家，如果我不出面干涉就会发生暴力事件："如果你再不阻止他，我一定会揍他！"

听一些只有一个孩子的父母说，他们担心子女从没有和兄弟姐妹"吵架"的经历，这真让我感到少许安慰。这些父母需要找到一些方式来保证子女有机会学习解决争执，允许冲突的发生，学会让步，体验游戏中的失败，经历人与人互动中的可怕一面。

同时，我们也可以留意自己的反应。心情好的时候，我们甚至可以借此机会培养耐心和幽默，看看孩子们在争吵时的荒唐言行。

另请参阅《分隔修行》《严肃》

奴 役

在公园中，一个小男孩奔向母亲说道：“把我的自行车放到汽车上吧，把滑板给我——还有就是我饿了。”母亲白了孩子一眼，回道：“说句谢谢会死呀！”然后又补充道：“你上一个仆役是被你累死的吧！”

我有时候也觉得自己是个奴仆。尤其对我八岁的儿子来说，似乎一父一母已经不够使唤的了：他需要一位给他准备饭点，一位跟在他后面收拾，一位陪他玩，一位默默关注他，还需要一位不断唠唠叨叨地指示他该做什么、不该做什么。傍晚时分，母亲又要监督孩子们做功课，又要准备晚饭、操持家务，有时候即使是最有耐心的人也觉得自己像个奴仆在服侍他人。

这时候，想一想那些与子女分离的母亲们会有些帮助：一些在香港、迪拜工作的女佣甚至和自己的孩子们不能在一个国家居住。一位南非人告诉我，他童年时的女佣因为难忍与子女分离之痛，借酒浇愁。即使在我们国家，也有无数的母亲渴望此刻能与子女们在一起，但是因为经济原因，她们并不能随心所愿，陪伴在子女身旁。

另请参阅《不满》

睡眠不足

为人父母后被剥夺睡眠，在我看来一点都不奇怪。根据联合国的说法，剥夺睡眠是一种有效的酷刑。出于本性差异，有一些父母尤其深受其苦。睡眠不足时，我们会认识到自己有多么小气、刻薄、脾气坏和暴躁。我们或许会发现，自己会以一种可怕的方式对待自己所爱的人，这让我们惊讶不已。所以，不要在发现自身黑暗面之后就苛责自己，这一点很重要。我们要以包容和慈悲的态度对待自己。如果我们不重视自己的价值，就会陷入自我厌恶的漩涡，变得玩世不恭或是全然沮丧。我们会丧失幽默的能力，或是无法转变自己的观念。

辨别出我们的想法只不过是“坏心情时的闪念”是一项关键的生存技巧。如果我们把睡眠不足时的想法都当了真，那就像是策马奔向了佛说的地狱。我们要训练自己有一种条件反射，在自己对自己讲述悲惨故事时，及时喊停，我们对自己讲了太多充满愤怒与伤痛的故事了。

当睡眠被剥夺时，保持心智健康是首要任务。留心警惕，把握每一个呵护自己心理健康的机会。

另请参阅《疲倦》《失眠》

失　眠

有一次参加一个佛学讨论小组活动时，我向禅师苏巴娜·巴尔扎吉提出了一个问题：“佛法似乎强调，永远不要阻塞或忽视情绪的流动，而是要与自身的情绪共处。我经常在深夜醒来，会感到一股不理性的焦虑袭来。那时我偏好封住所有思绪，关注于呼吸，尽力回归到睡眠状态，这是不是与佛法相违背？”

苏巴娜回答道：“不，当然不是。在佛法传统之中，有许多应对困难的策略。你不必总是用同一种方法。这里有一个关于毒莓树的比喻，可以帮助我们理解。第一种策略，你砍了树，完全除掉它——这就是你半夜在床上所做的选择：封锁住所有讨厌的思绪。第二种方法，在树的附近做上标记，把有麻烦的‘生气’莓树、‘恐惧’莓树或‘悲伤’莓树贴上标签——这就是佛法中所指的，允许思绪的流动，但不为所动。第三种策略是学习这棵树——困扰的情绪——因为这棵树上结的莓果可以制为药，医治将来的苦难。炼就这味‘药’就需要你审视清楚自己的执着，和执着带来的痛苦——放下让你痛苦的缘由吧。”

另请参阅《焦虑》

不　安

有时候，我们会优柔寡断：我们什么都没做，只是困在忧虑与不安之中，觉得自己毫无进展。思考一下这个困境，有助于我们找到问题的关键所在，让我们发现自己做过了头，陷入迷局。佛教认为，我们对不满、无常和所有其他人与对象的关联性所坚持的观念不过是一场巨大的骗局，我相信这一看法。基于这一原因，我们需要去质疑，自己的思考有多少是脱离现实的。

拥有宽广安宁的心境，便是向着问题的解决迈进了一大步。狂风暴雨之后，池塘泥泞不堪，满是沉积物和垃圾。想要控制它们是不能让池塘恢复清澈的——只会越来越糟。我们只能等待，等沉积物落到湖底，池塘自然恢复洁净。所以在冥想之中，通过集中关注自身呼吸、身体和当下听到的声音，我们创造了一片清明之地。这片宽广之中，我们通常会发现问题的答案就简单地浮出水面了。有时候，我们也会找不到答案，但身体也会感谢我们，在重重忧虑之中感受到片刻喘息。

另请参阅《忧虑》

陷入胶着

有一些与家人的争执和麻烦可能难以解决：永远乱糟糟的卧室，发脾气，兄弟姐妹吵架或是难缠的个性问题。我记得，有一位儿童心理学家曾向大厅里坐满的家长们说道："什么事情让父母们发觉自己所做的努力毫无成效？通常父母们会告诉我说'天天争吵，吵了好几年了'，或是'我的意见跟他说了一百遍了。但是他们依然我行我素，毫无改变'。"父母教养儿女时，多么容易过于仰赖大吼大叫、唠叨、威胁、责备这些惯用的方式啊！

加拿大佛教导师佩玛·丘卓的建议是，如果注意到自己陷入了相似的反应惯性中，我们要按下暂停键，尝试新的方式。心理学家所推崇的认知行为治疗同样支持我们在陷入惯性时不妨考虑另辟蹊径。举个例子，在子女做错事时，我们或许可以转移一下注意力，约定规则，换一个新的推断思路——甚至是给他们一个拥抱。上次学校假期，我发现自己隔几分钟就要训斥儿子们两句，于是我拟定了一个行为规范，我和他们都要遵守。我们协商并达成一致，还签字画押了。这一招的确有所帮助。

另请参阅《困境》

压 抑

现代西方社会，铺天盖地的广告鼓吹我们完全无须感受任何负面情绪。我们总能使用最新的产品——还有其附带的所有新奇——“疗愈自身”。压抑负面情绪更为高效的途径就是酒精和其他毒品。恢复期的上瘾者在康复过程中会借助一张绘有七十种不同表情的图（受挫、安心、恼怒……），来帮助他们识别麻木已久的情绪。即使是那些没有严重成瘾的人，也会沉迷于电视、工作或其他消遣来掩藏自己的情绪。

如果我们习惯性地压抑情绪，便会为此付出代价：我们失去了自觉，错过了从情绪中学习并且疗愈自己的机会。我们同样也拒绝了去了解子女的情绪、培养自己慈悲心的机会。全天候培养自己的好客之心就是佛法应对各种情绪的技巧。我们对待每一种情绪如同一位访客——的确，这位特殊访客可能并不那么讨喜，但是他不会待很久，听听他说什么又有何妨。我们无须听从这位客人，也不用跟着他误入歧途。我们要试着敞开心胸，学会包容，从情绪中学习。越南僧侣一行禅师的建议我们可以像这样说：“你好，愤怒，我看到你了，我承认你。”

青少年的自我中心主义

儿童心理学教授大卫·埃尔金德形容青少年的自我专注为青少年自我中心。他主张一种名为“个人神话”的心理建设。每一个青少年在他们个人神话的主要人格中都夸张地强调了自身感受和经验的独特性。比如，他们会说“没人理解我，你们都不了解我的感受”，“没有人像我这般用情至深，你们都无法想象被拒绝的痛楚”。

有一些理论家认为个人神话是青春期的一部分，它可以很好地延伸至成年以后。就我个人而言，在我周围的人（也包括我自己）身上，我看到了个人神话在青春期之前以及之后很长一段时间里运作的证据，虽然它在青春期更为显著。如果我们能够包容他人，了解他们也会像我们自己一样感受如此强烈的体验，不止能缓解孤独感，同时也能唤起我们对他人的慈悲心。释迦牟尼佛敦促我们深思“对情绪的觉知”，也就是说，我们要允许自己完全体验一种情绪，而不要试图阻塞或是感觉麻木。我们越多地感受自身的痛苦，就能越多地体谅他人。

另请参阅《青少年的自我意识》

青少年的自我意识

大卫·埃尔金德博士认为青少年自我中心的一部分是青少年心理构建的假想观众。他们总是觉得自己“站在舞台”上，受到所有人的注视，哪怕是一个最细微的动作也会被注意。他们对他人可能给予自己的评价十分敏感。在公众视野之下，他们觉得自己好像在接受审查。

对于青少年自我中心，理论家们有所质疑，或许假想观众的意识只是青春期的一部分，不会延至成年初期。再一次，我认为假想观众是一生都可能有的症状，因为我们脑中都在不停忖度“别人怎么看我”——尽管青春期少年会更执迷于这一问题。

与人互动中萌发的自我意识会剥夺我们的快乐。这让许多成年人在每次社交场合中都要借酒壮胆。有一个方法可以解决此问题，那便是怡然自得做自己，但这一选项并不是所有人都拿起来就能用的解决方案。有一个方法适用于所有人，青少年和成年人都可以，那就是转移我们的关注点，关心一下其他人在社交场合的感受，安抚其他人，让他们感到轻松安逸。社交群体里的新人，性格羞涩的人，对社交感到焦虑的人，这些“圈外人”——他们感受如何，我该如何让他们放松一些。

另请参阅《青少年的自我中心主义》

邪　念

报复、外遇、狂欢作乐、不问自取、向他人灌输自己的想法、逃避、节育打掉孩子。大部分人都会沉溺于这样的邪念幻想之中，但正如我们所知的，幻想有可能会变成现实。

我们在抵御力低的时候需要谨记佛法中关于业力的训诫：不论我们何去何从，行为的业报都将追随。我们的每一个行为，甚至是每一个思考都有果报——或是影响到随后的境遇。“积思成言，积言成行，积行成习，积习成性”，佛陀如此阐释我们思想的后果。我们通过一思一行加强了自身行为的模式——这种模式很难打破，而正是这种模式勾勒了我们的命运。

这就是为何当下这一刻——我们唯一能够控制的一刻——是如此重要。试图压抑邪念，恐怕会适得其反，因为这些念头总会见缝插针地冒出来。然而，我们在邪念幻想出现时，要警觉其真实的动向。比如，你对追求快乐的看法是什么？佛法之道是一种觉悟，毫无疑问也是一种美德和品行。

另请参阅《恶行》

思　考

为人父母，需要操心的事情成千上万。冥想能在无止境的焦躁不安中给人以喘息的空间。了解到思考能够对我们的压力水平产生如此大的影响后，西方的许多父母开始把思考妖魔化。

的确，思考是头脑的行为，大部分人无法让头脑放空太久。西方的冥想者在静坐时——或是整个闭关期——不断与思想搏斗。他们通常会输掉这场战役，然后对自身的冥想能力充满挫折感。

更多的西方人根本没有尝试过冥想，他们不认为自己能够冥想，理由很简单，他们无法“停止”思考。

一位深具智慧的佛教导师在这一问题上提醒我们培养“允许”的态度。允许有思考冒出来，只是观察它的产生。我们练习静心，努力不要与思维纠缠，不要沉溺其中，如果思绪迎面而来，我们只是简单地注视着它，锐化我们的觉知。禅师称之为“坐禅”。无须特定的冥想对象，我们只是用意识关注当下出现和消失的一切，那可能是身体的感觉、情绪起伏抑或是思维变化。我们需要感知自身的思考——它的内容，它的结果，它的真实——而不是消灭思考。

浪费时间

忙碌的生活让许多父母为浪费时间而倍感懊丧。每个人浪费时间的方式不尽相同，可能是看了太多没营养的电视节目，阅读无聊的杂志，沉迷网络或是电脑游戏。佛陀常说，我们那些说长道短、抱怨不止、无聊胡扯、毫不关心听者的“空谈闲聊”，都是一种浪费。如果我们从不干涉子女，任其接受流行文化的影响，我们的孩子也会面临危险，虚度大把的童年时光。

人生苦短，并且每一个人都将走向死亡的终点，谨记这一点会对我们有所帮助。只有深刻地理解了这一道理，我们才能认识到每一刻都如此珍贵。每一寸光阴都是一份礼物。如果我们需要放松休息，不妨选择可以真正带来滋养的方式：关掉收音机和肥皂剧，不要让电视广告发出声音，与你爱的人倾心交谈，放下名人八卦杂志，阅读一些真正能够启迪心灵的文字。把你的心智——还有子女们的心智——视作肌肉，它们需要锻炼，也需要彻底的休息。佛学导师们经常会引用诗人玛丽·奥利弗的一句诗文：告诉我，你想要怎样度过你狂野而珍贵的一生？

幼童发脾气

幼童发脾气想要传递的最重要的信息就是，他们的行为并没能达成预期所愿。孩子想要的可能不是一个具体的结果，也可能是被关注，或是与父母对抗的戏码。这意味着，作为父母，我们要避免情绪化地卷入这些场面之中。如果我们大叫、争执，甚至大打出手，那就是在火上浇油。置身事外，保持理性是一项挑战。应付发脾气的幼童真是耗时又耗力，总是难免让人情绪激动起来。有一句佛偈不论何时都能帮助我们安抚自身：这也是会过去的。正如这一次发脾气会过去，孩子整个发脾气的时期也都会过去。

与发脾气的小宝贝在一起是培养父母耐性的最佳机会。佛家认为耐性与怒气相对，是最重要的品质之一。专注地感觉自己当下的呼吸和身体，不仅仅可以帮助我们平静下来，还可以缓解负面的思考。思想只会夸大伤害（这真是难以忍受），让人想要假设境遇是永恒不变的（这事儿没完没了啊），并且片面地评价自身（我真是个没用的父/母亲）。如果这些念头冒出来，我们只需静观，要明白我们无须相信这些判断。

另请参阅《分隔修行》《严肃》

科技泛滥

我们能够给予子女最好的礼物莫过于亲近自然的机会。科技时代真让人担忧，孩子们可能会错过向大自然学习的机会。大自然的能量抚慰着我们，让我们感到放松，转变我们对自己关心、关注的事情的看法。在丛林，在海滩，在附近的公园，我们保持冷静、开阔心胸、感受当下的能力会大大加强。许多孩子沉溺于让人兴奋的电子游戏和电视娱乐之中，觉得没必要走出家门。我曾带朋友的儿子和我的孩子们一起去丛林散步，我听到的只是他们充满惶恐的抱怨——这是多么陌生的体验。

在大自然中，我们的快乐简单朴素，唾手可得。孩子们在户外充满活力和创造力，不断探索。在户外，他们是自由自在的精灵，享受活力充沛的童年，留下美好的回忆。作为父母，我们对大自然的热情会为子女做出表率，让子女们看到大自然的奇妙之处——而孩子们总是会投桃报李。如果我们的孩子没有学会热爱自然，我们怎么能相信未来的这一代人能够保护自然?

另请参阅《过度刺激》

太过努力

佛教八正道中很重要的一条就是正精进。通常我们这样定义这一概念，它是介于凶猛的达摩战士（与贪婪、憎恨、妄念斗争）和懒惰的嬉皮士之间的中道。我们有必要警觉自己在为人父母、追求事业和修行佛法时努力的程度，因为过度努力可能带来危险。

当我们深陷在佛教徒所谓的“精进”之中，我们会发现自己处理日常职责时——或是在自己的实践中——面色铁青、紧张兮兮，执着于“完成任务”或“把工作做好”。这里有一则道家的古老故事。

“文惠君称赞庖丁杀牛时完美的刀法。庖丁感谢文惠君的夸奖，解释了他十九年来是如何练就这样完美的解牛刀法的。在庖丁的眼里，刀下之牛并不是一团整体，他每一次都会依照牛身上天然的筋骨脉络，觉察到秘诀所在，找到骨肉结合之处，缓慢下刀，仔细观察，游刃有余，将快乐融入工作。”

我们的工作也是如此，可以多一些流畅，少一些精进，按下暂停键，平静地享受体验的过程。

另请参阅《食肉》《对自己的期待》
《内疚》（两篇）《脑叶切除术》

无意识

我们或许还记得在为人父母以前那些寻欢作乐、回避痛苦的日子。成为父母之后，我们认识到，人生不仅仅是快乐至上，我们日常生活的目标开始变得更加复杂，更关注他人，尤其是子女。无聊的时候，我们容易重提旧事，想起当年追逐快乐的自己，因为我们觉得需要一些外部的刺激：一场酒池肉林的狂欢，一场宴会，一个奢华的假期，一段风流韵事，某种形式的紧张兴奋。这通常是一种信号，说明我们对生活缺乏意识，我们失去了从简单的风景之中欣赏美的能力。

机械地生活，无法察觉外部环境，也无法觉知内心世界，我们发现自己感觉迟钝，了无生气，坐立不安。有一些人养成了一种封闭强烈情绪的习惯，于是我们所能感觉到的便只剩麻木。生活空洞，没有滋味，缺少喜悦，我们该如何是好？一位禅师建议我们拾起一份“初心”，那时，我们在每一个新的时刻，以新鲜的眼光迎接生命中初次出现的人。暂时放下固有的偏见与判断，好奇地睁开双眼，洗耳恭听，调动所有感官全神贯注地感受当下。这一点在与孩子们相处时尤其重要，他们会带给我们更多的趣味和快乐。

另请参阅《厌倦》

失　业

经历了“全球经济危机”之后，我已经没有朋友敢说他们从未经历过失业。我们会担忧恐惧数年。失业的打击终于袭来时，我们的精神健康会承受巨大的打击。求职会将我们送上情绪的过山车，在希望与失望间起伏动荡。理智告诉我们，忧心未来将会陷入一个无底洞：家没了？孩子换学校？节衣缩食？

事业带来的最大挑战其实是关于我们的身份。对大部分人而言，自我身份的认定很大程度上依赖于自己的工作。“你是干什么工作的”是我们结识新人时必备的开场白。然而，佛法教导我们，以自己的职业——或是任何扮演的角色，像是工作人员、父母或是志愿者——作为身份认定都会带给自己极大的限制。我们本质上具有佛性，有无限的能量去爱他人，能勇敢地为世界做出贡献。无事可做，没有需要扮演的具体角色，在失业的第一周，我们可能感觉失落，缺乏安全感，但之后就可能找得到其他的方式让家庭富足，结识新朋友，丰富社交生活。

你不是你的工作，你不是某个角色。为何要限制自己的身份？

另请参阅《被拒绝》

忧　虑

让自己过于担忧是一项危险的业因：越是担心，越会陷入重重忧虑的漩涡。也就是说，如果我们允许自己养成忧心忡忡的习惯，性格就会更倾向于忧虑。

在我的家族中，我亲爱的祖母就是一位非常爱担忧的人，结果，没人告诉她任何事情。作为父母，要做到让子女愿意亲近，子女们——尤其是较为年长的子女——需要知道父母们能够承受必要的风险。从某种程度来说，这些风险是人们必然会遭遇到的。担忧带来的问题是，我们生活在一个想象的空间中了，这是不存在的未来，它否认了我们持当下正念的机会。另外，大部分情况下，这完全是在浪费时间。正如法国文艺复兴时期的作家蒙田所说："我的生命充斥着悲惨不幸，其中大部分从未发生过。"

心理学家发现，即使我们担忧的事情真的发生了，我们也不会如预期那般痛苦，因为大部分人都有非凡的能力，可以调动自己内在的资源。如果你发现自己的忧虑已经到了对谁都无益的程度，给你自己的想法贴上一个标签"不当的关注"。在佛法的圈子中，这是一个常见的标签，就好像是红色交通灯。

另请参阅《焦虑》《担忧》《不安》

渴　望

作为自由职业者，我期待有新客户打来电话——但同时又担心新客户太耗时间。我渴望听到朋友的问候，同时又希望享受独处的宁静。佛陀认为我们的欲望正是苦难之源，其中一个原因就是因为欲望往往存在矛盾性，这会让我们困惑，并耗尽力气。静坐冥想或只是在日常生活中保持觉知，我们会注意到欲望——或是出于私心的渴望——会不断地增殖。它们不断涌现，把我变成佛法里所谓的“贪婪鬼”，张开大嘴，永不满足。父母们对自己的生活有各种愿望，但更多的期盼是有关子女的生活的。我们希望孩子们取得高分，获得奖励，不要失望，举止得当。

如果我们当真如此期待，就会被欲望之心弄得精疲力竭。然而，大部分人还是把这些当作了命令：我现在必须得到这个，我现在必须远离那个。释迦牟尼佛鼓励我们发展自己的觉知，在生活中观察我们自身狂热的欲望本质，更理想的状态是通过冥想静坐来观察。当欲望升起，我们就贴上标签：哦，又出现了一则欲念。这让我们可以在欲望之中做到退一步海阔天空，更少深陷其中。当我们审视清楚，我们甚至可以做到放下欲望，感受到一些自由。如果我们培养内在的安宁与满足，务实地对待自己所拥有的一切，则可以让欲望渐渐归于平静。

# 致　谢

首先，我要感谢澳大利亚珀斯的阿姜布拉姆法师，允许我从他个人浩瀚的智慧宝库中撷取两则非常有趣的故事。尊敬的图丹·却准法师（美国）花费许多时间与我讨论“内疚”这一话题，并不吝赐教，分享她的洞见。还有我所在僧团的导师们，他们在日常的修行中带给我许多启迪，包括有贾森·西费、斯蒂芬和马蒂娜·巴彻勒，他们造访澳洲时给予我很大帮助，另外还有温顿·希金斯、帕特里克·卡尼、克里斯·麦克莱恩、乔伊斯·科恩布拉特、维克托·冯·德尔·埃德，尊敬的苏亚多禅师，迈克尔·达什。佛学导师苏巴娜·巴尔扎吉就像是盛满佛法智慧的深潭，我所有著作都得到了她的帮助和支持。乔纳森·佩奇是我所在僧团的主席，他深谙佛法，总是带给我很多灵感。我的朋友安娜·斯特里特——她也是一位母亲，和我在同一个僧团修行——一直以来都以她的热情和智慧鼓励着我。最后我还要感谢我的家人，我的朋友们，以及艾伦和昂温。

图书在版编目（CIP）数据

陪伴是最长情的告白：最好的自己 /（澳）娜塔莉（Napthali,S.）著；李含译. —南京：译林出版社，2015.11

书名原文：Buddhism for Parents on the Go

ISBN 978-7-5447-5987-8

Ⅰ.①陪… Ⅱ.①娜… ②李… Ⅲ.①家庭教育 Ⅳ.①G78

中国版本图书馆CIP数据核字（2015）第278176号

书　　名	陪伴是最长情的告白：最好的自己
作　　者	〔澳大利亚〕萨拉·娜塔莉
译　　者	李　含
责任编辑	陆元昶
特约编辑	刘文硕
出版发行	凤凰出版传媒股份有限公司 译林出版社
出版社地址	南京市湖南路1号A楼，邮编：210009
电子邮箱	yilin@yilin.com
出版社网址	http://www.yilin.com
印　　刷	三河市华润印刷有限公司
开　　本	960×640毫米　1/16
印　　张	9.75
字　　数	55千字
版　　次	2015年11月第1版　2015年11月第1次印刷
书　　号	ISBN 978-7-5447-5987-8
定　　价	22.00元

译林版图书若有印装错误可向承印厂调换

BUDDHISM FOR PARENTS ON THE GO
by Sarah Napthali

First published in the English language in 2010
by Allen & Unwin Pty Ltd, Sydney, Australia
Published by arrangement with Allen & Unwin Pty Ltd, Sydney, Australia
through Bardon-Chinese Media Agency

著作权合同登记号 图字：10-2011-368号